富翁系列 M016

小資保險王

資深保險業務員 **劉鳳和** 著
林欣潔 圖

COSMAX
PUBLISHING Co.
Since 1981

文經社
Taiwan

【推薦序①】

教你買到物超所值的保險

　　我的第一個保險是在大學二年級的時候主動地向保險員購買。因為自己為醫護專業並且在醫院實習過，發現除了健保給付外，若要得到較好的醫療品質，例如選擇較好的進口藥物治療或是病房的升等，除了自費支出外，也許藉由商業保險可以減輕負擔。當時規定必須要由壽險的主契約搭配醫療險才能銷售，於是我選了一個百萬的壽險加上醫療險。精打細算的我仔細算過當時的費用支出，選擇終身繳納的壽險（一年約三千多元），假設我活到八十歲，繳了六十年，總共支出的費用約十八萬，感覺還蠻值得的，萬一掛點可領回一百萬，投資報酬率五倍（但卻忘了自己花不到）。

　　考上了財經研究所後，才學到如何計算這些保費是否值得的關鍵因素就是「利率」。當時保費買的不太貴主要原因是因為評價的利率高，但是之後逐年的利率降低後，投資人會發現保費越來越貴，這卻跟我們的薪水多年來不變的走勢剛好相反，因此在未來利率可能調高的狀況及持續不景氣的環境中，對於小資男女而言，如何去買到物超所值並且合乎自身所得成長的保險是相當重要的課題。

　　鳳和大的新書《小資保險王》特別幫小資男女挑出「低保

費、高保障」的好險，書中有許多活生生的血淚案例解說大部分人所犯的錯誤，例如保費占所得比例太高或是買了一些高貴而無價值的保險，還有破解黑心保險員的銷售目的。

此外，對於新手保戶常常造成的迷思及最常遇到的狀況皆仔細解說，同時搭配生動活潑的漫畫內容，絕對能讓讀者更能清楚理解保險的正確觀念，值得大力推薦。

權證專家 王衡

【推薦序②】
當個保險的精明買家

保險，是人一生中財務規畫不可或缺的工具。其最重要的作用，在於抵消意外狀況所帶來的嚴重財務負擔。譬如一家之主英年早逝，留下一千萬未償還的房貸。這要怎麼辦？

壽險可以處理這個問題。

譬如年輕人意外致殘，後半生無法工作反而需要他人長期照顧。高額照顧成本怎麼辦？

意外險的殘廢給付可以處理這個功能。

這就是保險的初衷。集合眾人的保費，當其中少數人遇到這樣的不幸事件時，保險給付讓他可以安度財務難關。

這也正是作者書中一再強調的，「低保費、高保障」的保險。多數人只要單純利用這類保險，就可以達到保險的真正目的。

但保險也衍生出許多類別的產品。

譬如許多保險打著終身的名號，讓人有保障一輩子的感覺。終身保證，人人喜歡。問題是，我們保戶要花多大的代價才能買到。

一個好東西，假如價格過高，你可能就覺得不值得了。但許多人卻是為了「保險」兩字，或是說為了「終身保險」這四

個字，義無反顧的付出高額保費。作者書中簡單的計算就會讓讀者看到，譬如終身醫療險，一般人真的可以拿到很多住院給付嗎？譬如有的保險名稱中有著「儲蓄」兩字。許多人還真將這類保險當成儲蓄工具。但它的利率未必比同期銀行定存利率要好。

就算保單利率真的較好，我們何必要在低利率年代買進一張十年期或二十年期的長期保單合約，鎖定當前的低利率。假如在銀行做個一年期的定存，日後假如利率升高，到期就可以轉存比較高利率的定存。但儲蓄型保險，買進後整個合約期間就會鎖在當下的利率。

假如一個年輕人，以這種連通膨都無法打敗的「儲蓄」管道做為累積資產的基礎，而不使用其它較具有成長性的資產類別，可以想見，他的長期資產實質成長率，很可能是一個負數。而且，假如真把大筆資金長期投入保險公司做為儲蓄，這時保險公司的營運風險就會與保戶息息相關。

一般買保險是買讓人安心的，但這種保險買了之後會讓你擔心利率變化、擔心保險公司倒閉、擔心購買力被通膨侵蝕，讓人愈買愈不心安。

這些有終身與儲蓄字樣的保險，就是作者在書中歸類於高保費低保障的險種。大多人不需要這類保險。但目前保險業界，這類高保費低保障的險種，正是銷售主力。

為什麼？

因為這類保險的佣金比起低保費高保障的險種要高多了。

換句話說，業界對於真的想替保戶，以低費用取得高保險的從業人員，相當不友善。

專心替客戶做這樣保險規劃的人，可能落得收入低落、同業訕笑、離職走人的下場。

反而是賣出一張張高費用低保障的從業人員，可以光鮮領獎，收取高額報酬。

所以，一般保戶恐怕不太容易聽到真正以保戶為出發點的保險規劃，大多人聽到的是，以業務員收入為出發點的保單規劃。

他們不斷吹噓這類保險的美好，保戶在沒有相關知識的狀況下，很可能就會被牽著鼻子走。

一張保單，與其說它是保戶的保險工具，現在恐怕更常是保險業的生財工具。

這樣的保險業界，到底是在利用保戶，還是在替保戶帶來福祉？但在這樣的環境中，劉鳳和先生仍一直在低保費高保障的路上堅持。以一人之力，將正確的，真正對保戶有利的保險觀念帶給大眾。

想當一位精明的保險買家，想讓買保險的每一分錢都花在最需要的地方，「小資保險王」就是您最佳保險購買指南。

財經部落客 綠角

【自序】
我們只想要有一個「低保費、高保障」的好險

平民保險主張受到肯定

繼拙作《聰明買保險》、《平民保險王》出版之後，相隔四年，我又寫了人生中第三本有關「人身保險」的書籍——《小資保險王》。

先來講我為什麼會寫人身保險第三本書。文經社一直邀約我再出版一本保險書籍，希望我針對這些年來，幫助過來自四面八方的上萬名讀者、粉絲解答的各種保險案例做個歸納、分析整理，但我的反應是「保險的觀念其實很簡單，我該講的也都在前兩本書中講得很清楚，目前讀者詢問的案例雖多，但其實內容大多相似，還需要寫第三本書嗎？」

這期間只要有上電視通告的機會，我總是不斷的提醒大家選擇「低保費、高保障」的平民保險，有時甚至會得罪保險同業，引來質疑或不理性的批評，不過值得欣慰的是，「平民保險」的理念不僅得到多數一般大眾的認同，也有一些同業逐漸同意我所提出的觀念，跟著改變他們推銷高保費保險的作法。

記得從第一本書《聰明買保險》出版以後，來自各地的保

戶諮詢案件與日遽增，每天還是有很多人問我：「該買什麼樣的保險？」、「什麼種類的保險保費多少錢才合理？」、「為什麼買儲蓄險划不來？」、「為什麼你不主張買投資型保單？……」

　　我每天對著不同的讀者回覆同樣的問題，所以我必須寫第二本書《平民保險王》，把保險公司會用的文字和數字話術一一的演算出來之後，再仔細破解，讓大家更清楚各種保單的陷阱。當然，讀者的迴響更大，這本書還得到知名財經部落客「綠角」在部落格中以專文推薦。

　　為什麼我又決定寫第三本書，而且還是一樣以人身保險為主題呢？因為我突然發現，現代人因為生活步調快速，往往無法仔細靜下心閱讀文字。突然，我靈機一動，「為什麼我不把保險觀念的精華說得更白話並配以活潑的漫畫方式來表達呢？讓這些平常忙碌的朋友們，只要看一、兩幅漫畫，就可以對某一個重要的保險觀念有更進一步的認識。這不是一個挺好的方式嗎？」於是在這種思考下誕生了寫第三本書的動機。

搭配漫畫更能一目瞭然

　　第二本《平民保險王》出版到現在，已經第四年了。其實我一直在蒐集各方面的資料，這一本書的內容部分，我一方面想要盡量跟前面兩本不要有雷同的地方；也在想漫畫的內容該如何表達。雖然我本身並不會畫畫，但是我會設計草圖，我把每一個保險的關鍵點，都先畫成草圖，再請插畫家林欣潔小姐

幫我畫出來，希望能夠用最精簡、最直接的方式，讓讀者朋友們一看就了解保險真正的精神。

雖然多數忙碌的人沒有時間看文字，但是看了插畫之後，最起碼會有基本的概念。我想說的是：「你想買對保險，根本不需要懂那些艱澀難懂的保險術語、保險名詞，只要看懂簡單的圖就好。」如果這本書能引起讀者的興趣，在買保險之前，我更建議你回頭看看《平民保險王》跟《聰明買保險》書中的內容，保證不會再買錯保險。

除了一般的上班族或者是工作繁忙的人，沒有太多時間閱讀文字之外，其實還有另一個族群也是我考慮的對象。這一類的族群就是學生，他們可能是大學生、高中生或小學生，希望他們能藉由一、兩幅漫畫，在他的腦海中留下深刻的印象，才不會出了社會就被保險業務員鎖定，花了一些冤枉錢。

因為十幾、二十歲出頭的年輕人，對保險的觀念可能是懵懵懂懂，甚至是完全沒概念，他也許還沒有經濟能力，或靠打工賺一些零用錢，但他早晚得要步入社會，不要一下子就被保險業務員洗腦，盲目買了一些垃圾保險，這是很可悲的。

我希望在就學的年輕朋友們，可以用很短的時間、很輕鬆的方式，了解一下保險必須要懂的觀念與精髓，這本書的主要的目的就達到。

當然最大的心願是，人人都能有正確的保險觀念，並在這麼多的保險商品的大環境之下聰明理財，但這畢竟不是容易實現的理想國。不過，如果能多讓一位年輕人不要被業務員的行

銷話術搞得暈頭轉向，買到後悔一生的保險商品，我就覺得值得了。

因為我們都是每天要為生活所忙碌的升斗小民，每一分錢都得精打細算，買對保險不用花大錢，而買錯保險卻可能要付出慘痛的代價。這些令人沉痛無奈的案例我會在書中一一陳述。

小資族更不能買錯保險

我不敢說這一本書就可以終結買錯保險的悲劇，但至少可以設法來降低它的發生率。若你發現我在前兩本書中已有講述同樣的觀念，請原諒我的碎碎念，因為有些觀念實在太重要了，我不希望有讀者錯過，所以我要像個老媽子對各位一樣嘮嘮叨叨、時時叮嚀，才不會犯下前人犯的錯誤。

曾經有一位股票上市公司的副總跟我說：「劉鳳和，你很大牌，跟你買保險，還得先跟你預約，而且還要保戶親自去找你。別家保險公司的業務員，都是在我辦公室裡等一整天，好不容易才能跟我聊上幾句。」

其實我一點都不大牌，因為每一位來諮詢保險的朋友，我都至少要跟他解釋二小時以上，這樣一天下來，頂多只服務一個案件，若是能到我的辦公室，我一天可以服務三至四位客戶，畢竟有太多人想要了解平民保險的內容，而我只有一個人啊，經常忙不過來。

也會有很多業務員同業羨慕我：「你的諮詢案件這麼多，

客戶一定接不完。」其實，我介紹的保險都是平民保險，佣金很少，所以我也是住一般的公寓、穿著平價的服裝、平常的交通工具就是搭捷運和騎摩托車，因為服務的對象大多數跟我一樣，都是平民階級，而且愈是小資族的保戶我愈歡迎，因為小資族才更需要買保險。

以「整個人生」來規劃保險

我非常了解小資族的心情，也是因為我曾經是為了生活費而焦頭爛額的過來人。回顧這半生，其實過得不算順遂，人生的打擊總是一個接著一個。

我之前做過職業軍人，安穩但超不自由的工作；二十二歲時，姐姐車禍往生，留下剛滿月的外甥必須撫養；二十七歲時，投資被騙了二百萬（相當於現在的六百萬），當時幾乎對人生無望，被騙的錢還是借來的，經濟狀況跌到谷底。想不到二十九歲時還有人願意嫁我，三十一歲後兩個小孩陸續出生，接下來的負擔更重，奶粉、尿布、幼稚園、安親班、補習費、才藝費、房貸、車貸、保費、電費……，雖然都是瑣碎事，但花費超驚人；三十四歲自軍中退伍，想要有完整家庭的生活，萬萬沒想到社會更現實，退伍前幾年幾乎沒有任何收入，做過三年的外勞仲介，看到每個家庭有重病老人的狀況，深刻體驗「生、老、病、死、殘」的真實人生。

近年來，經濟狀況雖然比較穩定，但去年母親中風，同年父親往生，覺得人生太無常，我也不去想三十年至五十年以後

的事，太遙遠了！。

　　這些遭遇也影響我做為保險這行業一份子的定位，我做保險不會算得很精細，包括哪個險種划得來，哪個險種划不來！我只知道要讓我的保戶繳得起保費，絕不讓他們繳不起保費。保障當然要幾百萬才算保險，理賠幾千塊有用嗎？繳的保費都比理賠金要多很多。

　　因為我今年已五十一歲了，經歷了太多太多的事情，所以我幫大家規劃保險，是以「整個人生」來考量，買到適合的保險比較重要——小小的保費，大大的保障，剩下大部分的錢要做其他的考量，而不是一窩蜂都去買一些「垃圾保險」。買房也很重要喔！房子可養老，也可治病喔，更可讓你心安，鼓勵年輕人趕快存錢買房，人生才能「定、靜、安、慮、得」。

　　幫讀者們介紹可以買得安心的保險，是我這幾年來最大的成就感，但以一己之力妄想要改變保險的大環境，真的不是容易的事，所以，也藉此機會感謝這些年一直支持我的讀者與朋友們。

小資保險王

Part 1
到底要不要買**醫療險**？

Part 2
小心！保戶最容易遇到的
保險迷思

小資保險王

Part 3
網友最常問、
最想知道的Q&A

目錄

Part 4
我的理財祕笈——
買房可以養老、也可以治病

【前言】
5分鐘快速檢視你的保單
掌握5大原則, 保證不會買錯保險

這本書我要講的「保險」有三個簡單的分類，一.「低保費、高保障」、二.「中保費、中保障」，還有三.「高保費、低保障」。

原本我想要跟讀者分享的是「什麼是定期險」、「什麼是終身險」、「什麼叫做投資型保單」、「什麼是醫療險」、「什麼是長期看護險」，可是我發現現在市面上出現的產品日新月異，名稱一直在改變。若用這些名詞跟讀者做分析，有點複雜，也容易產生混淆。所以我就用更簡單、更白話的方式來為保險分類，絕對讓你一點就通，不會被稀奇古怪的名詞所迷惑。

原則1：買「低保費、高保障」的保險就對了

首先，我想介紹的是最重要的保險，就是「低保費、高保障」的保險，它最符合保險最基本的精神，用少少的錢，買到充足的保障。

「低保費、高保障」的保險有哪些？其實，就是大家所熟

知的意外險、定期壽險（1年、6年、10年、15年或20年期的……），可能還有一些陸續推出的「定期型」保險，它們大致上是屬於低額的保險費、高額的賠償金。換句話說，你每年只要繳幾百元，就會有上百萬元的保障，保費頂多是一、二千至三、四千元不等，保障百萬元以上。這類型的保險是我一直極力推薦的平民保險。

但是所謂的「高保障」裡有很多名詞是虛的、不實在的。比如：花五百元可以買到十億元的保障，這十億元是賠什麼呢？可能是意外險中會夾雜的特殊意外，在外太空發生意外的話，可以有十億元理賠金。雖然它是低保費、高保障，但是沒有意義，除非你有一天要去外太空旅行，否則根本就沒有實質的保障。

我要跟大家討論的是一般的意外險，花五、六百元能不能拿到一百萬的理賠金？要拿到這一百萬元就是一般的意外險的保障範圍，而不是那種虛無的、要文字遊戲的。

所以，要留意「低保費、高保障」才是我們投保時最基本要購買的順序，至於它有哪些保險？就是我剛剛講的意外險、壽險、癌症險，都是屬於定期型的「低保費、高保障」，這些都是不錯的保險商品。

原則2：不要碰「高保費、低保障」的險種

第二個要給各位介紹的是「高保費、低保障」的險種。各位知道所謂的高保費，一年可能要繳好幾萬元的保險金，但是

保障的金額並不多。

這類型的保險大致上就是儲蓄型的保險、終身型的保險、壽險型的重大疾病終身保險、壽險型的長期看護終身保險，還有「還本」字樣或是「保本」字樣的保險，這些險種大概都屬於「高保費、低保障」。

這種保險基本上就不要去碰，因為意義不大，它號稱有保本、儲蓄的功能，現在市面上很多類似的保險商品，有「六年期」的、「十年期」的終身保本、儲蓄保險。

很多保戶都問我：「劉先生，我的朋友在介紹這種保險，您說可不可以買？」

我的答案都是千篇一律：「不要買！」

「為什麼？可是我朋友說這個保險會比銀行定存高一點，比把錢放銀行划算多了！」

沒錯，目前銀行定存大概1.4%、1.5%左右，如果買六年期的保險，大概1.7%、1.8%、1.9%甚至2%左右，數字上看起來是比定存利率還要高，但真的很划算嗎？

就以它的利率是2%為例，你可能覺得賺了0.5%，可是你現在是繳幾百萬元、幾千萬元放在保險公司嗎？不是，而是繳兩、三千元，頂多一個月一萬塊，一年存十二萬元，六年下來有七十二萬元，多個千分之五也沒多賺多少錢。

你還必須考量的是，六年或十年之後會不會被通貨膨脹打敗。如果你中間要解約、異動，損失可能會更大。這跟定存不一樣，你把錢拿去定存，可以隨時去解約，本金也是可以拿回

來，當然利息就不會有那麼高，但還是會有利息的。

可是，這類型的儲蓄險如果中途解約，你的本金可能就拿不回來了，更不要說利息了！所以我一直認為它比定存還不划算。

不少保戶一年都會花到十幾二十萬元去買這種「高保費、低保障」的保單，然後他誤以為自己已經繳了很多保費，不需要再買什麼保險了。可怕的是，他買的都是「高保費、低保障」的險種，一旦發生意外、疾病，雖然保費很高，可是保障只有一點點，大概就是把你所繳的保費領回來而已，這根本就不是保險的基本精神。

原則3:「中保費、中保障」的險種可買可不買

至於「中保費、中保障」的保險要不要買？我認為可買可不買。如果你「低保費、高保障」的險種都買夠，譬如意外險或壽險買到一千萬元的保險金之後，有多餘的預算再來考慮「中保費、中保障」的保險吧。

最近很流行的「住院醫療險」，我認為是屬於「中保費、中保障」的保險，我被問了不計其數：「劉先生，實支實付型的住院醫療可不可以買？人沒有不生病的，萬一有一天我住院的話，就可以用得到。」

住院醫療保險的確是很誘人的保險，不論是終身的住院醫療、一年期的住院醫療，或是一年期實支實付型的住院醫療，大概理賠住院一天一千元，一年的保費也要三千元至一萬五千

元左右，保險賠償金都不高。

　　但我會反問讀者：「你仔細算過，你真的用得到嗎？」第一，一般人住院也不會住很長久的時間，住個一百天，理賠你十萬元（1000元×100天），可是真正住到一百天有幾個人呢？第二，你沒有這十萬元的理賠金也沒關係，因為這幾年所繳的保費也差不多是十萬元，甚至更多，你也不可能每天都在住院啊？這輩子很少人會在醫院住到三、四百天。

　　這種「中保費、中保障」的險種，市面上有「一年期的定額住院醫療」、「一年期額度內實支實付型的住院醫療」，還有繳費十年、十五年、二十年期的「終身住院醫療險」。

　　我想一開始就告訴大家重要的觀念：「你很重視醫療我知道，可是你像想的醫療險和保險公司提供醫療理賠現況是不一樣的。」更詳細的部分，我會在之後的單元裡做更深入的分析。

原則4：投資型保單放一邊

　　還有一個保險，是很難分類的，它是投資型保險。它雖然保費高，可是保障也滿高的，問題出在投資的部分，前面幾年客戶所繳的保費幾乎被保險公司當獎金、行政費用用掉了，幾乎沒有什麼投資，所以大家在買這個險種的時候要特別注意，它也不是我建議購買的險種。

　　投資型的保險是由兩種大家原本就很熟悉的商品所組成的，那就是「傳統一年期定期壽險」與「基金」。

「傳統一年期定期壽險」具有「低保費、高保障」等特色；而「基金」則是有獨立的理財帳戶，投資者可自行決定要繳多少錢、何時繳費，投資者可獨享投資績效，結合兩者特點的即是投資型保單。

　　如果投資型保單的投資部分，能比照投信業推出的「定期定額投資基金」，只跟客戶收百分之一或百分之二的手續費的話，這種投資型保單還不錯。但是，很多保戶都以為買了投資型保單之後，以為自己開始投資了，殊不知投資型保單在第一年繳的金額中，有60％左右是做為行政、人事獎金的費用，這個費用並不用在投資上，因此，真正投資的金額少得可憐。

　　保險業務員為了能吸引保戶，有時並未與保戶解釋得清清楚楚，保戶在購買投資型保單時，一定要向保險員問明白，第一年、第二年甚至第三年的投資金額的比例，而且要搞清楚幾年之後，它才會開始啟動較高比例的投資功能。

　　這些年來我一直主張「保險歸保險，投資歸投資」，買保險就買純保險，想要投資可以去買投信基金、買不動產、買ETF……等，讓保險的功能單純化，無奈的是，到目前為止，投資型保單仍然是受到保戶們的青睞。

原則5：「終身」兩個字代價高

　　可能很多人會反駁我，這種高保費低保障、終身壽險、終身醫療保險……是有「終身」保障的，和我推薦的平民保單不一樣。

其實我蠻喜歡「終身險」的名稱，因為終身都可以有保障，可是我不喜歡它所繳的保險費。以終身醫療險來說，住院一天理賠一千元，保費大概一年一萬五千元左右。如果保費只要繳一千至二千元就有終身型保障，住院一天理賠一千元，它就是好的保險商品。可是同樣的保障，保費年繳一萬五千元，這就有待商榷了。

就跟投資型保單一樣，如果投資型保單的行政費用第一年沒有扣五、六十％，第二年沒有扣到三、四十％，每年只扣1.5~2％的手續費，那這個保險商品我可以給它打六十分。

搞清楚以上的幾點要點之後，建議你在簽約之前，不只是要看保險名稱和內容，還有，最重要一定要搞清楚保險費用以及理賠的內容，如果在外太空發生意外理賠十億元，這種保險就沒有意義，別被琳瑯滿目的保險名稱所迷惑了。

在每個單元之後，我會用保戶親身經歷的案例來陳述買對保險的重要性，這些保戶只因為買錯保險，不僅得不到應有的保障，反而遭受到金錢的巨大損失，嚴重者甚至影響到一家人的生計，這一則則讓人心痛的血淚教訓，希望能喚醒大家對保險的重視——不要只是買保險，而是一定要買對！

Part 1

到底要不要買
醫療險？

醫療險真的能包山包海？

你真的需要「住院醫療保險」？保戶在買保險時都想太多，其實跟實際理賠項目差很大！

保戶的想像往往超乎實際↘

醫療保險一直是保戶詢問度很高的商品，也是容易讓人產生困惑的保險，卻也是目前國人投保率很高的保險之一，醫療險並不便宜，我感到非常詫異的是，為何大家願意縮衣節食買醫療保險？

當然醫療保險的種類很多，我想跟讀者分享的是「住院型的醫療保險」。我直接質疑：「這個保險商品有這麼需要嗎？它值得你買嗎？」

我知道一旦拋出這個議題之後，可能會造成很多讀者和同業朋友們正、反兩面不同的迴響，不過沒關係。我在受邀到各地演講時，都會先做聲明：「這只是我個人的論點，沒有所謂的對與錯，只是藉由多年的保險實務經驗，分享給您不同的參考方向。」

「住院醫療保險」其實是非常簡單的商品，照字面上解釋，住院醫療保險理賠的前提就是一定要「住院」才會理賠，

沒有住院就不會理賠。

我相信這個道理大家都知道，而且在購買住院醫療保險之前，也都會先做功課。可是我發覺保戶通常有一個通病，在購買保險時都會幻想太多，幻想它什麼都會理賠。

為什麼呢？保戶只要看到是「醫療」兩個字，就會誤以為醫療保險能夠負擔醫療行為上所有的支出。其實，住院醫療保險本來就說得一清二楚，要有「住院」才有理賠。所以，保戶朋友們以為醫療險能包山包海，理賠所有醫療費用的支出，這跟保險公司實際上販售的住院醫療保險，有相當大的落差。

$ 保險名詞解釋

定額型住院醫療費用保險

當被保險人因罹患保單中約定的疾病或遭受意外事故，經醫生診斷必須「住院」接受治療時，保險公司依照被保險人投保的住院醫療保險金日額乘以實際「住院」天數，給付醫療保險金。這種以日為單位，採定額的給付方式，稱為「日額型住院醫療保險單」。

舉例來說，投保時約定住院醫療保險金額為 1,000 元，則每次住院每日給付即以 1,000 元作為標準，再乘以實際住院天數來給付住院醫療保險金。但被保險人同一次住院最高給付日數，仍以契約條款約定之日額為限。

前提是有「住院」才有理賠↘

簡單的計算一下，我們回想看看，保戶朋友們這一輩子住

院的天數，不曉得有沒有超過五十天？一百天？兩百天？甚至到三百天？就以住院一百天為例，一天理賠你一千元，一百天才理賠十萬元，二百天也才二十萬。

請先反問自己兩個問題。問題一，假設沒有這十萬元會不會對生活、對家庭的經濟造成很大的影響？問題二，這幾年繳的保險費是不是都已經超過十萬元？甚至二十萬元了!?

如果你的答案是繳出去的保費早就超過十萬元，住院一百天理賠可以拿到十萬元，那你為什麼不自己當保險公司呢？

我認為醫療險不是不好，但我定位它是屬於「中保費，中保障」的保險。當你的「低保費，高保障」的保險都買夠了之後，還有多餘的錢再來考慮「中保費，中保障」的險種，但它絕對不應該是你唯一和第一的選擇。

Point 2　買「終身」醫療險，划得來嗎？

想買「終身定額住院醫療保險」，先算一算保費和理賠內容，你真的用得到!?

保費繳20年，至少得花30萬元↘

買醫療險到底是否划得來？我先來分析「終身住院醫療保險」給您參考。「終身住院醫療保險」的全名應該叫做「終身定額住院醫療保險」，為什麼有「定額」兩個字呢？因為它的理賠金額是固定的。

譬如，我買一個住院一天理賠一千元的終身醫療險，不管我有沒有住到單人或雙人病房，還是一般健保病房，反正只要住院一天就只賠一千元，就叫做「定額」，並不是實支實付。

如果我的病房一天自費要花五千塊錢，保險公司還是只賠一千元；如果我住的是健保病房，不用花到病房費，保險公司還是賠一千元，這個就是「定額住院醫療保險」的概念。那麼很多人都會買一種「終身定額住院醫療保險」，就是繳二十年的保費，就可以獲得終身保障。

這個險種在業界是明星商品，賣得非常好。我在很多地方演講，講到這個保險，做個基本的調查，台下大概一半以上的

聽眾都有買。我進一步分析給他們聽,以這個保險平均的保費來計算,一年大概繳一萬五千元,要繳二十年,所以保費總計是三十萬元。

住院醫療險的種類

險種	功能	優點	缺點
(定額) 日額給付型	1.按住院天數給付定額保險金 2.加護病房或燒燙傷病房可加倍給付 3.定額手術金,大手術保險金較高,小手術保險金較低。	1.只要診斷書即可申請保險金。 2.可購買多家公司。	1.無實支實付的功能,即使住院花費較高,理賠金額還是固定,不會提高。 2.要有住院才會賠
(額度內) 實支實付型	1.病房費 2.手術費 3.住院期間醫療雜費	額度內實支實付的功能,理賠範圍較定額型大。	1.大部分保險公司規定要收據正本才能申請保險金。 2.要有住院才會賠。 3.正本收據僅有一份,無法申請多家保險公司理賠。
(混搭型) 兼有定額給付及實支實付二擇一的功能	視保戶的實際費用支出狀況,可以選擇按住院天數定額給付,或是依收據上實際金額,在額度內實支實付,可選擇對保戶較有利狀況擇一申請。	請領保險金時較有彈性。	1.實支實付須收據正本才能申請保險金金。 2.要有住院才會賠。

這輩子得住院300天以上,才能拿回保險金↘

我把這三十萬元倒除以一天一千元,得出來的答案是三百

天，這是簡單的數字觀念。也就是我要住院三百天左右，才能從保險公司把我所繳的三十萬領回來。我們開始試想，有多少保戶一輩子能住院住到三百天？

第二個問題，假設我劉鳳和比較倒楣，住院住到四百天，如果一天理賠我一千元，四百天理賠四十萬元，其中三十萬元是我自己繳的保費，只是多獲得保險公司十萬元的理賠。可是大前提是，我要住到四百天之多。

我不是一個精算人員，但以實際狀況來說，要住院到四百天的病患，目前在台灣是少之又少。

剛剛用總保費除以我的一天一千元，這只是一個粗略的算法，如果更仔細的算法，我將一年一萬五千元存放在銀行，自己當保險公司，一年就算1.5％的利息好了，每年存一萬五千元進銀行，到二十年之後，我放在銀行的本利和，應該不只有表面上的三十萬，二十年應該可以到三十三萬、三十四萬元左右。那麼，就不是三十萬除以一天一千元等於三百天，而是三十四萬除以一天一千元，等於三百四十天。

但這還不夠精算，因為一個人繳一萬五千元到保險公司之後，如果他是一位三十歲的年輕人，二十年後，到了五十歲之後就不用再繳，可是錢還是在保險公司，到八十歲往生之前，這中間至少又有三十年。但其實如果我把同樣的金額存在銀行，三十歲開始繳一萬五千元，到了五十歲以後變成三十四萬元，可是還是繼續放在銀行裡，又放了三十年，到了八十歲如果身故的話，那大概已經不只三十三萬、三十四萬，本利和應

該可以快到四、五十萬元。

如果發生長期住院或是一些老年的問題，可能都是六、七十歲之後，如果錢自己放在銀行，大概可以衍生出四、五十萬元左右。而且，保險金的理賠如果是定額給付的，我剛買時第一年是一天理賠一千元，到八十歲的時候還是一千元，它並不會增加，是不是？

如果是我自己把錢存在銀行的話，到八十歲時衍生到四、五十萬元，除以一天一千塊，大概可住院住到四百天以上，可是我這輩子住得到四、五百天嗎？

1天理賠1千元, 真的夠用？↘

第三個問題，如果你想住單人病房，一天要自己要再貼三、四千元以上的費用。我買一個終身醫療險，一天理賠一千元夠不夠用呢？因為很多人之所以會去買住院醫療保險，前提就是希望如果有一天生病的時候，得到的醫療品質能夠好一點，最常用得到的大概就是病房費。

其他的可能還有特殊藥材、雜費等其他的支出，但最基本的就是病房費。我買一天住院理賠一千，可是一個人的病房費要五千塊，你買一千塊錢夠不夠？不夠。那你要買到住院一天五千元嗎？那我們繳出去的保費就不是一萬五？而是要乘以五，你可能要繳七萬五千元喔。七萬五耶！一個月差不多平均要五、六千元。我們只領22K的朋友、32K的朋友，甚至月薪四、五萬的薪水階級，一個月就要提撥將近五、六千元來買一

個終身的醫療，才算買到夠。

各大醫院健保房升等補差額

醫院	健保房升等補差額	
	單人房(一天)	雙人房(一天)
台大	4000~8000元	1600~2000元
榮總	3000~10000元	1500~2000元
台北馬偕	3200~4500元	1600~2500元
三軍總醫院	3500~4000元	1500~2000元
國泰總院	4500~5000元	2000元
亞東醫院	3000~8000元	1600~2000元

資料來自各大醫院網站，金額可能會有變動，請依各醫院規定為準

若全家都買,費用很驚人↘

　　這個還不嚴重，接下來嚴重的是第四個問題。我自己就算把醫療險買到夠了，有一天我遲早會結婚，我也想幫另一半買。如果她跟我同樣買一個住院一天理賠五千元的終身醫療險，她也要花七萬多元，夫妻加起來就要十四萬甚至十五萬元，這對一個年輕家庭來說，一個月只有繳醫療險平均就要一萬多元，負擔不輕啊。

　　幾年之後，兩個寶寶也都誕生了，為了幫孩子著想，也幫他們各買了一個「終身住院定額醫療保險」。小孩子的保費稍微便宜一點，住院一天理賠一千元，他的保費一年大概是一萬

元;如果一天五千的話,一年大概是五萬元。兩個寶寶的話,大概就是十萬元。全家總共要花多少呢?兩個小孩各五萬,兩個大人各七萬五,大概加起來可能就是二十五萬元。

一個月花掉兩萬塊錢的保費,對一個小家庭來說,相當於可以買一間小套房了。很多朋友就是房子也沒買到,錢也沒存多少,就先買了一個這種高額保費的保險,壓得他喘不過氣來。

30年後的1千元又值多少?↘

更可怕的在後面,我一再強調,它是一個定額型理賠的醫療,也就是說現在買它理賠是一千元,五十年後理賠還是一千元,它並不會增加。我們大概再簡單的試算一下。現在的病房費,一個人一天大概要四千到五千元左右。經過三十年之後,各位覺得病房費會不會漲到一萬元?我們現在買五千元的話,一個家庭可能就要消耗掉二十五萬元的保險費。

經過十年,經過二十年,甚至三十年之後還是不夠,因為病房費可能又漲價了。那我再去買一個繳一年二十幾萬的「終身日額住院醫療險」,那一個家庭一年剛繳完二十五萬,又要再繳一個二十五萬,這輩子好像永遠繳不完保費喔!

我們有很多保戶是月薪四萬以下的朋友,一個家庭不要說一年要繳三、四十萬元了,搞不好一個月都賺不到四、五萬元。所以,是不是要重新思考一個問題——終身醫療險到底符不符合我們的需求?而且要住院才有理賠。很多朋友一輩子也

都住不到三百天、四百天呀！

　　也就是說，我們把辛苦賺來的錢都繳到保險公司，給它們用了三十年、四十年、五十年之後，有一天我掛掉了，或許我還領不回來所繳的保費呢！

重新認識保險上的「醫療」定義↘

　　除了需具備「住院」的條件，醫療險的理賠其實還有另一個關鍵條件叫做「治療」。

　　「治療」這兩個字定義就很廣了。

　　有些比較嚴格的保險公司，它的定義會是「積極的治療」，也就是說要救命，而且要住院才會理賠。今天如果住院，是為了養病或是沒有積極治療的行為，就算買了住院醫療保險，也是不理賠的。這個可能會牽扯到很多慢性疾病上面的問題，比如腦中風、植物人、洗腎，或是精神病患等等的。

　　因為病況已積極治療後也治不好，而是要靠慢慢的復健，但復健可以回家做，不一定要住在醫院裡做復健。以中風為例，當病患送到大醫院去可能治療一段時間後，等病情穩定了，或者是沒有辦法有更好的狀況，很多大醫院就會讓病患回家療養。

　　家中若有個中風的病人，或是其他慢性病的病人，其實是非常大的負擔。大醫院不收，他們就想要到一般的小醫院去住院，有些小醫院願意收病人，可是事後要回到保險公司申請理賠，保險公司拒賠。原因在哪？因為它已經沒有積極治療的行

為。所以不要一味認為無論是在大醫院或者是小醫院住院，保險公司就會理賠。

除了「住院」，還要「積極治療」↘

現在開始有很多保險公司，它的定義除了「住院」之外，還需有「積極治療」四個字。只要是積極治療、急救的醫療行為，不管在大醫院或小醫院都可以理賠，可是如果是慢慢的養病，很多保險公司是不理賠的。換句話說，我們這一輩子真正住院的天數會有幾天？各位再仔細想一想。

我的隔壁鄰居有個八十歲的阿嬤，去年因為天氣突然變化，所以中風了三次。她第一次中風的時候，在醫院待了五天，情況穩定就出院了。隔了沒幾天，又第二次中風，在醫院急診室待了七天，因為始終沒有等到病房，後來阿嬤自己受不了出院了。第三次又中風，去另外一家醫院住了五天，後來也出院了。

她前後住院五天、七天、五天，加起來是十七天。如果她曾經買一天住院理賠一千塊錢的醫療保險，十七天可以獲得理賠一萬七千元。這幾年因為阿嬤已經八十歲了，繳出去的保費可能也不只一萬七了，病患的家屬要那一萬七做什麼？

對於中風的病患和家屬來說，出院後才是一大挑戰。阿嬤的中風狀況雖然不是很嚴重，但是日常生活的起居，就開始需要他人的協助了。怕跌倒、怕孤單、怕再次中風，家裡不能沒人照顧，總是要有一個人陪伴。

如果請外勞的話，一個月最少需要三萬元。可是各位想想看，按照我剛剛上面的原則，第一，一定要住院才有理賠，一天一千塊；第二，要積極的治療才可以理賠；第三，出了院就不理賠。這個阿嬤的狀況，即使買了這麼多的住院醫療保險，好像沒有用。每個月三萬元的外勞費用加上雜支，一年的話大概就是三十幾萬元。各位可以告訴我，有哪一個保險可以理賠給阿嬤一年三十幾萬元，而且還可以連續賠好幾年的。

　　這位阿嬤的病況說嚴重，她自己還能活動，說不嚴重，又需要他人照顧生活起居。她曾買的醫療保險，包括：長期照顧保險或失能保險，都不符合理賠的標準。可是，她就是需要錢。我只是舉個例子而已，沒有對錯的問題，只是要讓大家很清楚明白，住院才理賠，而且要治療才理賠，住院的天數也不會很多，所以理賠金不高，但出院之後的花費才可怕。

　　講到住院天數，因為新一代健保實施之後，產生了很多奇怪的狀況。怎麼樣的狀況呢？醫院裡面就算有病床，可是醫護人員不夠，醫院也不敢接到滿床。也就是說，醫院可能有一百張病床，可是護理人員卻只有三個或五個，能力絕對無法顧及，所以就算有一百張病床，醫院可能也不會接到一百個病人。

　　因為接了滿床的病人萬一出什麼事情的話，醫院、護理人員跟醫生還要被告。所以現在的醫療狀況，對於需不需要住院的標準會越來越嚴格，不是你想要住院就可以讓你住院。

每月聘請外勞的費用

險種	費用	外籍家庭監護工
1	薪資	15840元
2	不休假獎金	528元×4週＝2112元
3	健保費	962元
4	就業安定費	2000元
5	雜費、冷氣、飲食、三節獎金、交通費…等	另計
合計		20914元以上

（資料提供：萬通人力）

要買之前，先衡量自己的口袋夠不夠深↘

　　這就是我剛剛開始分析的「終身型的住院醫療保險」。在所有的保險裡，我很喜歡「終身」這兩個字，但是我很不喜歡每年所繳的高額保險費。如果它的保費能少個零，那就還不錯，了解我的意思嗎？

　　也就是說，住院一天理賠一千元的「終身住院定額醫療保險」，一般的保費大概一萬五千元，好像太貴了，要不要買就視各位讀者朋友的經濟狀況，口袋夠不夠深。如果同樣一個保險，保費只要一千五百元，那麼這個就是好保險。繳一萬五千元可能不划算，可是繳一千五百元就OK啦！

　　買保險不是只看它的名詞、保險名稱而已，還要看我們所要繳的保險費是多少。這兩項元素加總起來，同時一起考慮，

才能了解保險內容的真正精髓。

　　希望能讓大家重新思考，真的需要去買這個終身住院定額的醫療保險嗎？雖然是「終身」保障，可是到了八十歲以後，理賠一千元可能也沒有什麼用了，對不對？因為通貨膨脹的威力，那時候的一千元，搞不好相當於現在的一百元而已。就算我住院一百天也沒意義，因為我花了太多的錢去買這個保險，大家不妨從這些角度去衡量看看，到底是否真的划算？

植物人、雙目失明、雙腳或雙手缺失、永久不能講話、吃東西...等等，買壽險也會賠喔！這好像也有點類似「重大疾病」耶！

Point 3 壽險也有醫療險的功能

壽險內含的一級殘廢的理賠, 有時比重大疾病險實用!

別忽略壽險中的殘廢給付↘

我要花比較多的篇幅討論壽險和意外險,它其實含有非常強大類似醫療險的功能。

大概在一年前有一位澳門航空空姐來問我有關她先生的保險理賠事宜,她的先生在3C產業擔任工程師,可能因為工作太過勞累,有一天突然腦中風,才四十歲出頭的年輕人。中風的情況蠻嚴重,不像我們家附近七十多歲的阿嬤中風後,仍然還可以輕微走動,這位先生已完全喪失咀嚼、吞嚥的功能。

遇到這種情況,我覺得壽險是蠻實用的險種。因為壽險其實不只是身故才有理賠,它還有另外一個理賠功能叫做「一級殘廢」的理賠。「一級殘廢」的定義,簡單說就是植物人、雙目失明、癱瘓、兩上肢或兩下肢缺失,或一上肢一下肢缺失,或者已經無法吞嚥、無法咀嚼……也符合壽險的理賠範圍。

很多人以為壽險不必要買很高的金額,結果反而把保費去買一些住院醫療、長期照顧險……等一大堆有的沒的醫療保險。

我們仔細想想,之前討論的住院醫療險一定要符合住院且

積極治療的前提才能理賠；重大疾病一定要七種疾病，且一定要符合「重大」的定義，萬一我得的不是七種疾病，雖然我「自以為」是重大疾病但也無法獲得理賠。長期照顧險又有很多文字上的陷阱，許多人搞不清楚它理賠真正的定義，或鬆或緊、嚴不嚴格。可是壽險裡的「一級殘廢」，並沒有限制它所造成的原因，它只看最後的身體狀況而決定。

癱瘓，造成植物人的狀態，壽險也可以理賠。

很嚴重的腦中風，不能咀嚼不能講話不能吞嚥，壽險也可以理賠。

重大疾病險理賠條款分析

要注意的是，不是被保險人得到這七種疾病，就可以獲得重大疾病險的理賠。還須符合保單條款所述的條件，簡單講就是不要只看病名，同時還須符合但書規定，才可獲得理賠。

一般重大疾病險所指的重大疾病是指以下七項:

1.心肌梗塞

其診斷還必須同時具備以下三個條件，包括：典型胸痛、最近心電圖的異常變化，還有心肌酶異常升高。

2.冠狀動脈繞道手術

一般假如冠狀動脈阻塞可以藉由心導管獲得滿意的成果的話，就會用心導管處理。會需要做冠狀動脈繞道手術的，多是較為嚴重的心肌梗塞。

3.腦中風

造成下列四種殘障狀況之一。

A、植物人。

B、一肢以上機能完全喪失。

C、兩肢以上運動或感覺障礙而無法自理日常生活者。所謂無法自理日常生活者係指食物攝取、大小便始末、穿脫衣服、起居、步行、入浴等，皆不能自己為之，經常需要他人加以扶助之狀態。

D、喪失言語或咀嚼機能者。言語機能的喪失係指因腦部語言中樞神經的損傷而患失語症者。咀嚼機能的喪失係指由於牙齒以外之原因所引起的機能障礙，以致不能作咀嚼運動，除流質食物以外不能攝取之狀態。

一般來說，要先等待六個月，六個月過後仍是如此，才可以理賠。

4.慢性腎衰竭

定義很簡單，就是到已經必須長期洗腎的程度。係指兩個腎臟慢性且不可復原的衰竭而必須接受定期透析治療者。

5.癌症

不是所有的癌症都賠。有幾種狀況是不理賠的。包括

A、第一期何杰金氏病（Hodgkin's Disease），是一種淋巴癌。

B、慢性淋巴性白血病

C、原位癌 (能在這個期別就發現癌症，可謂相當幸運。這是可以治癒的)

D、惡性黑色素瘤以外之皮膚癌 (所以只有一種皮膚癌會得到理賠)

6.癱瘓

定義為肢體機能永久完全喪失，包括兩上肢、或兩下肢、或一上肢及一下肢，各有三大關節中之兩關節以上機能永久完全喪失者。

7.重大器官移植手術

包括心、肺、肝、腎、胰臟與骨髓移植。

PS.知名的財經部落客綠角，曾在部落格中針對重大疾病險，做進一步詳細的分析，建議大家可以上網google他的文章，你會有更清楚的觀念。

慢慢繳，一次領回，壽險還蠻實用的↘

　　而且壽險也可以理賠身故，有些重大疾病險裡面，身故是沒有理賠的，可是壽險裡身故本來就可以理賠。最重要的一點是，它有非常強大的醫療功能，一次領一次給。如果我們的保戶朋友達到上面幾種理賠標準的話，我買一百萬保險公司就賠一百萬給我，我買一千萬就賠一千萬給我，都是一次給足，毫不打折。

　　一次給付跟一個月給我一萬元有什麼差別呢？我相信不用講，讀者朋友應該都很清楚，繳給保險公司的費用是最好是繳很少、慢慢繳，但理賠的時候最好一次全部給我，不要慢慢的給，這才是實用的保險。

　　一個月給一萬，一年才十二萬元，十年才一百二十萬元，有時候發生重大疾病或需要長期照顧的朋友能不能活到十年都還不曉得，可是我在購買壽險的時候，如果符合一級殘廢的定義，壽險公司是一次把理賠金全部都給我。

　　如果買的是保障型的一年期壽險，保費又便宜，一次給我五百萬或一千萬，那也非常符合重大疾病或長期照顧的功能。所以壽險除了身故之外，我認為它有「類似重大疾病險」的功能，它的好處是一次領齊，不管是任何疾病或意外所造成的，都可以獲得理賠。

　　為什麼強調一年期的壽險呢？因為終身壽險很貴，現在市面上的產品，不管是終身壽險、終身癌症險，終身重大疾病

險或終身醫療險，只要牽扯到終身兩個字都滿貴的。

還是再次強調，我喜歡它的「終身」保障，但是不喜歡它的保費。

一年期壽險人人都買得起！↘

如果買一年期的壽險，三十歲的女生來說，一百萬大概一年六百塊錢，如果買五百萬，一年大概三千塊錢。男生稍為貴一點，一百萬大概一千六百塊，五百萬一年八千。對一個家庭的成員來講，男生是家庭主要工作來源，買五百萬是很足夠的。萬一我符合了理賠標準，保險公司一次給付我五百萬，我以前常告訴讀者朋友，如果一個月請外勞兩萬多元， 年才二、三十萬元，若有五百萬元大概可以請個二十年免費的外勞來照顧病人。

一年期壽險的主要內容

投保年齡：15~70歲（自然保費──保費逐年遞增）
- 保證續保至95歲：（第二年免續約，滿期前2週繳費即無條件自動續保）
- 保障範圍：不論意外或疾病造成一級殘廢（例如：植物人、雙目失明、永久喪失咀嚼、吞嚥語言機能、兩上肢或下肢缺失）或身故。一次領到100%保險金。
- 30歲女性平均一天不到10元, 即可擁有500萬元的保障。

像我剛剛所提供的案例，一個空姐的先生在四十歲左右就突然中風，造成他不能講話不能咀嚼不能吃飯，如果他買的是

重大疾病險，或許可以理賠，但它的保費絕對比一年期壽險貴很多。所以壽險真是一個非常好的險種，不管是意外或疾病造成的，通通都有保障。

再舉個例子，發生心肌梗塞送到醫院，有時還來不及檢測心肌酶異常、測量心電圖，就在中途身故了，若買的是重大疾病險有理賠嗎？不一定喔。但是我若有買壽險就有身故的理賠，所以壽險也是一個滿好的險種。

一年期壽險的保費很便宜，比一年期的重大疾病險還便宜。我不是說重大疾病險不好，而是提醒讀者購買保險的順序，意外險排第一，一年期的壽險排第二，一年期的癌症險排第三，再來才是一年期的重大疾病險，而且都要買到「保證續保」的。

壽險要買到五百萬、一千萬才行↘

很多人現在都會把壽險當做一個小主約，然後附加終身醫療或其他險種，壽險的額度大概只有十萬，多的話只買個二、三十萬，會買到五百萬、一千萬少之又少，因為現在市面上的終身型的壽險，要買到一百萬都很貴。三十歲的男性要三萬多元，女生也要兩萬五千元，如果要買到五百萬的話，男生一年大概要繳十五萬元，女生最少十二萬元。當然它有它的好處，就是繳二十年就不用再繳了，但是在年輕創業的階段，有太多的事情要去做，不能把賺的錢通通拿去繳保費，而淪為「保險奴隸」。所以一年期的壽險也是每個人都要考慮的一個險種。

一年期壽險保障100萬,各年齡「年繳」保費一覽表

年齡	男	女	年齡	男	女	年齡	男	女
			35	2400	900	56	12000	5100
15	500	300	36	2600	900	57	12900	5600
16	700	300	37	2800	1000	58	14100	6200
17	800	400	38	3000	1100	59	15600	6900
18	900	400	39	3200	1200	60	17000	7700
19	900	400	40	3500	1300	61	18200	8500
20	1000	400	41	3800	1400	62	19600	9300
21	1000	400	42	4100	1500	63	21300	10200
22	1000	400	43	4500	1600	64	23300	11200
23	1100	500	44	4900	1700	65	25500	12400
24	1200	500	45	5300	1900	66	27800	13800
25	1300	600	46	5800	2100	67	30300	15500
26	1400	600	47	6300	2300	68	33200	17400
27	1400	600	48	6800	2500	69	36300	19500
28	1500	600	49	7400	2800	70	39700	21900
29	1600	600	50	8000	3100			
30	1600	600	51	8600	3400			
31	1800	600	52	9200	3800			
32	1900	700	53	9900	4100			
33	2000	700	54	10500	4400			
34	2200	800	55	11200	4700			

各家保險公司的費率有所不同,以上數字僅提供參考

30歲男性買定期壽險和終身壽險的差別

	30歲男性 一年期100萬壽險	30歲男性 繳費20年終身100萬壽險
年繳保費	1600元（月繳約135元）	3萬元（月繳約2500元）
保障期間	每年購買，可以到95歲	終身
優點	1. 保費便宜，年輕時可以用此「低保費、高保障」的險種拉高保障 2. 保證續保至95歲 3. 用今年的錢購買今年的保險	1. 一定領得到100萬 2. 二十年的保費是固定
缺點	1. 不一定領得到100萬 2. 保費隨年紀而增加	1. 保費很貴 2. 用前二十年的錢購買未來四、五十年通貨膨脹後的100萬保障
適合投保的族群	如以理賠全殘（一級殘廢）的角度來看，任何族群皆適合	

$ 保險即時通

機車族30歲男性小資族買保險的建議順序

1. 意外險，保障 500 萬──保費大約 3500 元
2. 一年期壽險，保障 300 萬──保費大約 5000 元
3. 癌症險，保障 2 單位（癌症住院一天理賠 3000 元）
　　──保費大約 600 元

機車族30歲女性小資族買保險的建議順序

1. 意外險，保障 500 萬──保費大約 3500 元
2. 一年期壽險，保障 300 萬──保費大約 2000 元
3. 癌症險，保障 2 單位（癌症住院一天理賠 3000 元）
　　──保費大約 1500 元

40~50 歲購買保險的建議清單

1. 意外險，保障 1 千萬──保費大約 7000 元
2. 一年期壽險，保障 500 萬──保費大約 27000 元
3. 癌症險，4 個單位──保費大約 5000 元

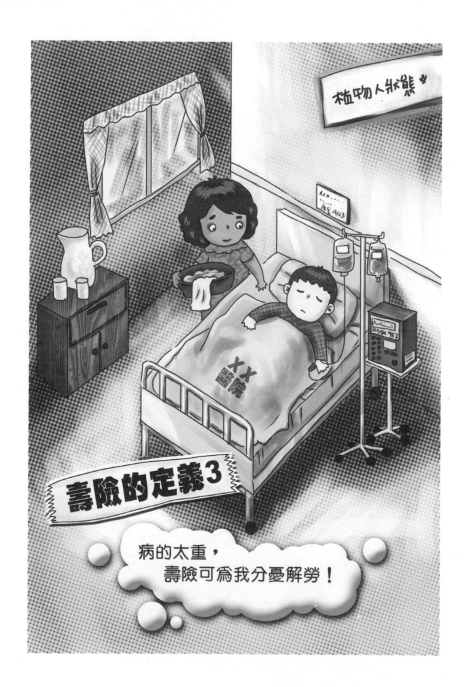

意外險內的殘廢給付，比醫療險實用太多！

與其花大錢投保醫療險,不如先好好研究便宜又有保障的意外險

意外險的殘廢給付有一百多項↘

還有一個叫做意外險的殘廢給付，這是一個更好的險種。因為壽險的殘廢大概只理賠到一級殘廢，就是比較嚴重的殘廢，可是意外險的殘廢給付，它的理賠項目就多達一百多項了。

因為意外險除了身故之外，殘廢的功能更不容忽視，它的殘廢金也是一次領足而不是慢慢領。

我在很多地方演講都急忙呼籲：摩托車騎士或經常被載的乘客，二話不說，馬上去買五百萬意外險起跳。如果是以內勤的工作來看的話，買一百萬大概六百多元，五百萬大概一年三千多元，少吃個五、六次大餐就有了。為什麼要買五百萬呢？講句不好聽的，萬一發生事故，死亡並不是最可怕的事，可怕的是要死不死。

萬一傷成殘廢怎麼辦？可能日後的生活都需仰賴別人，沒有個五百萬以上怎麼照顧自己和家人？更不要談未來二、三十

年的生活品質。

　　我有個朋友在桃園科學園區上班，二十二歲的年輕女孩子，中午騎摩托車出去幫大家買便當。因為買了二十幾個便當，放在摩托車前面的腳踏板，可能因此重心不穩，不小心就往左側倒下去，剛好後面一台貨車撞到她，造成她終身殘廢。這個女孩子原本準備到美國去跟男朋友會合，完成研究所的學業。可是不幸的事情就發生了，終身必須躺在床上，行動也只能靠輪椅，人生就是這麼變化無常。

　　各位，有時候沒住院一毛保險金都沒理賠，可是出了院以後龐大的生活費才驚人。我們在外面看到很多外勞，在公園裡面推著輪椅照顧阿公阿嬤，他們有沒有住院？沒有。可是他們要不要生活費？要。不要講別的，光外勞薪水一個月最少就得花兩萬。再加上自己的生活費呢？一個月隨隨便便都要三萬塊錢，外勞的生活費呢？吃的喝的，兩人加起來一個月可能都要三萬五以上。一年十二個月，三萬五或四萬乘上十二個月，就要四十八萬將近五十萬，十年就要五百萬。又沒有住院，有時想住院，醫院也不收呢？怎麼辦？所以，壽險裡面的殘廢、意外險裡面的殘廢理賠，各位千萬不要忽視。

　　年輕朋友買不起壽險的話，可以先從意外險著手。當我們成家立業之後，就要開始注意到壽險。這兩個險種都是高額的理賠金，都是幾百萬以上的理賠，完全符合低保費高保障的功能。

$ 保險補給站

完全殘廢表

一、雙目均失明者。註1

二、兩上肢腕關節缺失者或兩下肢足踝關節缺失者。

三、一上肢腕關節及一下肢足踝關節缺失者。

四、一目失明及一上肢腕關節缺失者或一目失明及一下肢足踝關節缺失者。

五、永久喪失咀嚼註2 或言語註3 之機能者。

六、四肢機能永久完全喪失者。註4

七、中樞神經系統機能遺存極度障害或胸,腹部臟器機能遺存極度障害,終身不能從事任何工作,經常需醫療護理或專人周密照護者。註5

 註

1. 失明的認定
   ① 視力的測定,依據萬國式視力表,兩眼個別依矯正視力測定之。
   ② 失明係指視力永久在萬國式視力表零點零二以下而言。
   ③ 以自傷害之日起經過六個月的治療為判定原則,但眼球摘出等明顯無法復原之情況,不在此限。

2. 喪失咀嚼之機能係指因器質障害或機能障害,以致不能作咀嚼運動,除流質食物外,不能攝取者。

3. 喪失言語之機能係指後列構成語言之口唇音、齒舌音、口蓋音、喉頭音等之四種語音機能中,有三種以上不能構音者。

4. 所謂機能永久完全喪失係指經六個月以後其機能仍完全喪失者。

5. 因重度神經障害,為維持生命必要之日常生活活動,全須他人扶助者。

只買意外險夠不夠?↘

很多人說我現在還年輕,買意外險就可以了,他這個想法只對了一半。因為在買所有的保險都有一種做愛心的功能,三十歲的女生買一百萬的意外險大概只要六百塊錢,壽險大概的保費也差不多是六百元。我們買保險不怕一萬,只怕萬一,當我繳了這些錢之後,最好都不要有事情發生,沒有事情發生最好。各位一定要「轉念」,沒有發生事情,我繳的保險費就當作是做功德、做愛心、做善事去幫助有需要的人。

如果一個三十歲的女生買壽險五百萬,一年三千塊錢做愛心可不可以?可以。可是她如果一年繳個三萬塊錢去做愛心,可能就要考慮一下了。

這種低保費高保障的功能,其實是滿符合現代台灣的保險市場。

便宜買好險, 保障絕對夠↘

我一再強調,有時候沒買保險,可能比買錯還好,因為一旦買錯,一年就要繳好幾十萬,繳了三年五年之後,到底要怎麼處理呢?真的很難做決定。

要想繼續繳下去,划不來,不繳又虧,所以有時候沒有買比買錯還好。想買就要聰明的買,有三個保險是非常重要的:第一個,產險公司的意外險;第二個,一年期的壽險;還有一年期的癌症險。這三個保險都買夠了以後,有多餘的錢再考量

其他事情。

　　而且購買的順序，就是一年期的意外險、壽險、癌症險；家裡成員就是先生列為第一考慮，太太列為第二，小孩再列為第三，這就是我針對目前保險現況和投保醫療險、意外險的看法。

71

Point 5 平價癌症險, 也有大保障！

癌症險的單位數一定要買的足夠, 但怎麼買才能最划算,
又不會太傷荷包呢？

十大死因凶手, 癌症穩踞奪魂寶座↘

根據衛生署公布的國人十大死因中，惡性腫瘤連續三十一年蟬聯十大死因榜首！平均每一百人中就有二十八人死於癌症，這數字看得讓人心驚膽跳，進一步的資料更顯示，每十二分兩秒，即有一人死於癌症，癌症已成為國人健康的最大威脅。

為了防患未然，近年來民眾投保癌症險的比率也愈來愈高，單位數也跟著愈買愈多。不過，若你買的是「終身型」的癌症險，保費一定讓你人呼吃不消，因為理賠率實在太高，終身型癌症險的保費也跟著水漲船高。

我也早在幾年前就呼籲讀者們，把癌症險列為必買的保險項目之一，而且單位數一定要買的足夠，但怎麼買才能最划算，又不會太傷荷包呢？

誰說癌症險一定貴！？↘

癌症險本來就是繼意外險之後，國人接受度蠻高的險種，

尤其現在大家都是談癌色變，我曾經在《聰明買保險》、《平民保險王》書中強調自己前後買了二十個單位的癌症險，包含：團保型的癌症、終身型的癌症險、一年期的癌症險，我都有買，因為我做了二十年的保險，這期間碰到了不同的產品，我就會花點小錢去加買一些癌症險，加上七、八年之前的終身癌症險都蠻便宜的，陸續買了快二十個單位，但購買的公司跟時間點不同，理賠的內容也都不太一樣。

國人十大死亡原因

順位	國人十大死因	順位	十大癌症死因
1	惡性腫瘤	1	肝和肝內膽管癌
2	心臟疾病 （高血壓性疾病除外）	2	結腸、直腸和肛門癌
3	腦血管疾病	3	惡性腫瘤
4	肺炎	4	女性乳房癌
5	糖尿病	5	口腔癌
6	事故傷害	6	胃癌
7	慢性下呼吸道疾病	7	前列腺(攝護腺)癌
8	高血壓性疾病	8	胰臟癌
9	慢性肝病及肝硬化	9	食道癌
10	腎炎、腎病症候群及腎病變	10	子宮頸及部位未明示子宮癌

行政院衛生署／102年6月6日發布

爆肝容易中風、導致肝癌

以一個單位平均理賠住院一千元來說，若購買二十個單位，一天會有二萬元的理賠金，十天就是二十萬，一百天就是二百萬，十幾年以前的保險很便宜，買二十個單位還在我能力可以負擔的範圍之內。

但現在的終身型的保險，不管是重大疾病險、癌症險、長期照護險，只要名稱有「終身」兩個字的，保費都非常昂貴，而且是貴到離譜。

癌症險又是如此迫切需要，如果每個人都要像我一樣買到二十個單位，又要買終身的，那是一筆龐大的費用。各家保險公司的費率不太一樣，以目前一個單位差不多需要三千至五千元（一年保費），十個單位就要三至五萬元，一個家庭乘以四個人，花費很可觀，也不是每個家庭都負擔得起。

在目前保費節節上漲的情況之下，我建議不妨選擇「定期癌症險」。一年期的癌症險非常便宜，三十歲的男生買一個單位，不到三百元，買個四、五個單位，也不會很貴，大約只要一千多元，這是目前市面上較少見的個人型的一年期癌症險。

當被醫師告知罹癌時，病人當下的心情一定很慌亂，周遭的親朋好友也會提供很多建議，總是希望有治癒的機會，所以之後的治療可能就會花很多錢，如果以前都沒有買癌症險，或者有買也沒關係，建議以這個一年期的癌症險來補強保障部分，三十歲的男生的保費大概不超過三百元，女生較貴一點，也不會超過七百元。

一年期癌症險一單位, 年繳保費一覽表

年齡	男性保費	女性保費	年齡	男性保費	女性保費
0~4	235元	222元	40~44	741元	1594元
5~9	93元	84元	45~49	1163元	1953元
10~14	108元	98元	50~54	1862元	2153元
15~19	139元	170元	55~59	2745元	2476元
20~24	149元	299元	60~64	3801元	3086元
25~29	175元	440元	65~69	5038元	3780元
30~34	278元	698元	70	6430元	4470元
35~39	483元	1069元			

　　我覺得女生買癌症險比男生重要，因為女生比男生多了幾項器官，尤其是女性特有癌症，乳癌及腹腔內的癌症，如：子宮頸癌、卵巢癌…等，它都是好發機率非常高的癌症，所以女生的保費會比男生來得貴。

　　附上一年期壽險費率給大家比較，三十歲女生600元／1百萬，男生則要1600元／1百萬，女生又比男生來得便宜，所以每個險種保險公司考量的方式都不太一樣。

　　一年期的癌症險是很好的商品，你可以多買一些來補強原本投保的癌症險。

壽險公司的產品才有「保證續保」↘

　　很多保戶來找我，說他也很想買到二十個單位的癌症險，但一般的公司都會設限最多只能購買四單位或六單位，而且市面上一年期的癌症險的商品又不多，最多只能買六個單位，但不論如何，六個單位的理賠也很足夠。所以我建議，必買的三大保險，除了意外險、壽險之後，一定要買「一年期癌症險」，不僅保費便宜，而且它是「保證續保」。

　　壽險公司和產險公司都有販售這些保險，但兩者賣的產品最大的區別是，壽險公司的保險都有「保證續保」，產險公司賣的統統沒有「保證續保」。

　　其實我們也很想建議保險局，能夠讓產險公司賣的這些醫療險能「保證續保」，可是從上本書《平民保險王》出版至今，已經四、五年了，一直到現在，政府都還沒有答應產險公司能販售「保證續保」的醫療險，這是蠻可惜的。

　　「保證續保」跟「不保證續保」最大的差別在於，「不保證續保」的保險，必須每年都要在要保書上重簽一次，手續較麻煩。所以，在購買一年期的癌症險，我會建議先從壽險公司的產品來考量，只要你的銀行戶頭有錢，它能繼續扣款，就能繼續投保下去，唯一的缺點就是它不是「終身保障」。

　　有些人會說：「萬一我七十歲生病時怎麼辦？」我還是那句話：「要先求有再求好。」像很多人找工作一樣，有些人會說：「我沒有四萬五萬我不去做。」一等等了三年，還是沒有，有的人還會撂下話說：「我總會遇到伯樂的。」若以一個月薪水三萬元來說，一年就損失就損失三十六萬，三年沒工作

超過一百萬就沒了。

　　購買癌症險要列為人生必要的功課之一，它不管是原位癌或較嚴重的癌症，只有在初次罹癌的部分，原位癌可能理賠比較少一點，較嚴重的癌症理賠就會多一點，其他有關住院、放射線、化療……理賠都是一樣，所以，花點小錢去做善事、做功德，可以助人又可助己。

壽險公司的一年期癌症險理賠內容

1	初次罹癌	10萬元 （原位癌或前列腺癌1.5萬）
2	住院	1200元／日
3	外科手術	3萬元 （原位癌或前列腺癌4500元）
4	出院居家療養	600元／日
5	門診	600元／次
6	骨髓移植	6萬元／次
7	放射線治療	600元／次
8	化學治療	600元／次
9	義乳重建	6萬元
10	義肢裝設	10萬元

　　前兩本書中，我一再強調癌症險的重要性，而且保費又便宜。萬一罹癌之後，光是特殊藥材的費用、住院的費用、自己跟家人無法工作造成經濟中斷的費用非常可觀，只要我買的單

小資保險王

位數夠多，多少可以有一些補償。

　　不論你是住什麼病房，只要有診斷證明書，註明住院住幾天、做過幾次放射線治療、化療，它就按照診斷書上面的天數或次數做固定的理賠。如果你有多餘的理賠金還可去做其他的民俗療法、標靶治療，但是我要強調，不是民俗療法或標靶治療一定有效，只是有更多的理賠金，讓保戶能更寬廣的運用。

可買一次給付的癌症險，來加強保障↘

　　坊間有另一種癌症險，它是一發生就先給一筆錢，這種癌症險也不錯，但大部分的壽險公司都沒有賣，因為壽險公司賣的癌症險都是依照項目來理賠，比較少賣一次給付的一年期癌症險，但產險公司有販售。

　　這種癌症險保費貴不貴？我手頭上有個保單資料，它是一發生癌症就給六十萬，輕微的癌症給的比較少是六萬，嚴重的癌症給的比較多（六十萬）。三十歲的男生六十萬，保費是一千元左右；女生大約一千二百元，原位癌理賠比較少，大概只給六十萬元的十分之一（六萬元），它的保費也算便宜。

　　當發現是原位癌時，之後可能會慢慢惡化，如當初已經領了六萬，那剩下的五十四萬，它也是還會再補給保戶，但值得注意的是，它不保證續保。保戶在初次罹癌申請給付之後，它就可能不讓保戶續保了，這一點在投保時的條款都寫得很清楚。

　　假設壽險公司有賣一年期癌症險，且保證續保，又一次可

領回一大筆錢，那它真的是不錯的保險商品，如果能與傳統的
按照項目給付的癌症險，一起搭配購買，就是一百分的組合。

產險公司一年期一次給付 (60萬) 的癌症險保費
（原位癌理賠6萬元）

	男性	女性
25~29歲	512元	730元
30~34歲	1065元	1265元
35~39歲	2046元	2150元
40~44歲	3235元	3451元
45~49歲	4925元	4692元
50~54歲	7367元	6225元
55~59歲	9600元	7729元
60~64歲	13498元	9815元
65歲	17762元	13541元

各家保險公司保費均有不同，以上數據僅供讀者參考

　　以一位三十歲的男生來說，買個一次給付型的保費一千
元，再買傳統型的四個單位保費一千二百元，加起來一年只要
二千二百元，萬一有一天罹癌，一次可理賠的金額就不少。

　　我們換個角度來考量，一位三十歲女生的壽險公司買六個
單位，初次罹癌一個單位理賠十萬元，六個單位理賠六十萬，
之後若住院、化療還另有埋賠金；男生的六個單位，保費大概

是一千八百元，原位癌也可以領到九萬，嚴重的癌症可領到六十萬，跟產險公司一次給付的一次領到六十萬，差不了多少，可是壽險公司它之後住院還會再理賠，不管你住幾天，都會理賠下去。

所以買壽險公司保證續保的癌症險，把單位數買多一點，在初次罹癌時，視同一次也領回六十萬，但保費稍貴一點，三十歲男生大概是一千八百元，產險公司是一千元，當然，保費多，給付內容就稍微多一點。

我再強調，單位數一定要買得多，不然住院一天理賠一千元，沒有很大的功用。

因為國人罹癌率很高，女生三十五歲以上，男性經常吃檳榔、熬夜、壓力大、喝酒，都是罹癌的高危險群。

小朋友買癌症險，一年不到90元↘

還有讀者問我：「那小朋友要不要買癌症險？」我覺得小朋友可以買。產險公司大部分都不賣小孩子的癌症險，但壽險公司是有賣的。

我們看壽險公司的癌症險表格（詳見80頁），你有看過癌症險一個單位只賣八、九十元的嗎？很多人都說：「你劉鳳和騙人，哪有癌症險這麼便宜，比買糖果還便宜？」可是明明就有。

前陣子有個媽媽從台大兒童醫院來找我，是一位我的護士朋友介紹的，她在兒童醫院工作多年，看到很多兒童罹癌的案

例，發現癌症險可幫助不少的家庭，所以她介紹很多媽媽來找我幫小孩買癌症險，至少萬一發生時可以分擔家中的經濟。

這位媽媽幫小孩買了六個單位的癌症險，一年才六百元保費，你知道住院一天可以理賠多少錢嗎？一千二乘以六是七千二百元。加上出院療養金，住院一天可理賠一萬多元，所以我極力的推薦可以幫小孩這種「低保費、高保障」的癌症險。

壽險公司從零歲到七十歲的都可以承保，依照年齡的不同而收費，算很便宜的。很多來諮詢保險的客戶，都不太相信，世上哪有這麼便宜的癌症險，我都直接點保險公司的網站秀給他們看，表示真的有這個商品。之前我上電視推薦這項平民保險時，很多同業都說我是騙子，根本沒有賣這種商品，但孰是孰非，馬上就能證明。

記得癌症險是大人小孩都必買的保險，壽險公司是「保證續保」產險公司則是「不保證續保」，這中間雖有差異，但都符合「低保費、高保障」的性質，如何取捨，我建議從壽險公司的買起，買4～6個單位，若有多的預算再用產險公司的癌症險來加強，都比你去投保終身型癌症險要實用很多。

重大疾病險不能取代癌症險↘

但各位注意到，它跟重大疾病險中的「癌症」是不一樣的。重大疾病險中的癌症部分並不理賠原位癌。

很多人以為「有了重大疾病險，就不用買癌症險」，但重

大疾病險卻對第一期何杰金氏病、慢性淋巴性白血病、原位癌症以及惡性黑色素瘤以外之皮膚癌等癌症不予理賠。

　　總之，終身癌症險因為保費很貴，我並不建議買。一年期的兩種平價癌症險，推薦給受薪階級，它的保費便宜，保障絕對足夠。

$ 保險加油站

我推薦的兩種平價癌症險

一、壽險公司一年期「保證續保」的癌症險，三十歲男生一年 300 元、女生 700 元，按照項目逐次給付。

二、產險公司一次領的癌症險，三十歲男生大概 1000 元／60 萬，女生 1200 元／60 萬，原位癌賠十分之一（6 萬），原位癌以外的賠 60 萬。但不保證續保，每年都要再簽一次要保書，雖然非常麻煩，但只要做好繳費時間記錄，也是另種選擇。

案例1

年繳20多萬保險金，
意外死亡卻只領回150萬

　　兩年多以前，方太太（化名）來我辦公室諮詢保險事宜。她覺得每年因為買保險而繳了太多的保費，又因為賣保險的是她先生當兵時的好友，所以保險都是先生在處理，最多時一年大概要繳二十萬的保費，家中還有兩個小孩，她覺得有些保險買得不對，看了我的書之後，決定來找我聊聊。一年繳個二十幾萬的保費，對一般家庭來說，確實是不小的負擔，她希望能把保險買對，幫家庭整理出更適合的財務規劃。

　　我大概簡單、清楚的跟她介紹保險的意義和精神，還有市面上一些低保費、高保障的險種。她很認同我講的保險理念，當場試算一下保費，全家一年大概花不到二萬元左右，她覺得很高興。二萬多和二十幾萬差很多，可以省下很多保費，去規劃未來的理財計畫、儲備小孩教育費、甚至當作將來換屋的款項。

　　她很開心說過幾天再跟我聯絡，要先回去把這事情跟先生商量研究。大概過了快一個月，我看怎麼一點消息都沒有，就打個電話關心一下。結果打她的手機沒接，打一通兩通沒接，

我這個人也不太好意思一直纏著人家，怕給對方造成壓力。我打電話的目的是想問她有沒有跟先生討論過，當然她能跟我買保險最好，沒有買也無所謂，但希望給我個答案。

我打了兩通電話她都沒接，但是她大概有看到來電顯示，後來發了一個簡訊給我，說她正在辦喪事。當時我以為是家中的老人家往生，就先請她節哀，等辦完再說。

過了大概一個禮拜，她姐姐發個簡訊給我，說她妹夫本來說過完生日要來給我投保，但是過完生日隔天，在自家陽台外，因為擦玻璃不小心從八樓摔到一樓，不幸往生了。

為什麼會是她姐姐發簡訊給我，原來她回去也跟姐姐分享跟我討論保險的過程，她姐姐也覺得有道理，說再跟我約時間聊聊。

有沒有覺得很震撼！我當時以為辦喪事是辦老人家的喪事，沒想到是辦她先生的喪事。

當下我什麼話也講不出來，除了替她難過，自責之心不禁油然而生。如果當時我能再積極一點，請她先幫先生投保個一千萬或五百萬的意外險，這時候總是對這個家庭有點幫助。就是因為我不夠積極不夠努力，造成這個家庭無以彌補的遺憾，先生這麼年輕就意外身故了，小孩子還那麼小，怎麼辦？

這是發生在我週遭一個真實的故事。你說我應該要積極一點，努力去促成這個保險的案子也對，但若太積極，有時保戶會有反感，難免會陷於兩難。

這位先生意外摔死了，卻只有一點點的保險理賠金，有多少呢？據我的印象，好像是意外險一百萬，壽險只有五十萬而已。之前他們繳一年將近二十萬的保險費，大部分是「高保費、低保障」的險種，更有一大部份是只繳一年就沒有再繳，都無效了。所以他們之前花大錢買的保險，理賠金應該不高。

　　我很難過也很苛責自己，也不曉得怎麼講，只能說意外真的不曉得哪時候會發生，如果保費不高的話，又可以負擔得起的話，理賠一百萬元大概只要六、七百元。保個三百萬、五百萬元，一年也只要幾千塊而已，小孩子又小，二話不要考慮，不管買哪一家，只要有買就好，買個幾百萬元，對這個家庭總是有一點幫助的。最好都不要領到，把它當成做功德。

　　我特別把這個故事寫出來，希望方太太不要太介意，如果你們責怪我當初不努力不積極去促成這個案子完成的話，我在這裡也只能深深的說聲抱歉。

　　特別寫這一段文，是讓讀者能有所警惕，這是個真實的故事。事隔兩年多了，不知道現在你們過得還好嗎？

Part 2

小心！保戶最容易遇到的**保險迷思**

1 平民保險真的買不到？

當你繳的保費很低時, 不去想要「領回」, 就當成自己有餘力做做公益

不騙你, 平民保單多的是！↘

很多來找我諮詢的讀者、粉絲朋友，說在電視上、在書本上、看到我一直主張購買「低保費、高保障」的平民保險，他們就回去問他的業務員。但他的業務員說：「沒有賣劉鳳和講的一年期的保險啊，保險公司根本沒有出這種保險。」

接著他們就會再秀出業務員他自己幫保戶規劃的保險計劃書，跟保戶朋友介紹他們的產品有多好，講得天花亂墜。保戶去問了A保險公司的業務員說沒有劉鳳和的保險，去問了B保險公司的業務員也說沒有，問了C保險公司的業務員還是沒有，那劉鳳和是不是胡說八道呢？講一些不存在的產品哄騙大家？

當然，也有人直接相信了ABC的業務員，跟他們買了高保費的保險，買了一兩年之後才發現負擔好重，又回過頭來找我。他們白走了一趟冤枉路，所謂冤枉路就是所繳的保費可能石沉大海。保險這行業就是那麼奇怪，保戶知道受騙了，也不會去跟保險員討個公道，因為賣保險給他的人都是生活周遭的

好朋友，人情永遠是最難處理的課題。

　　我只能無奈的說，各位讀者朋友，當你們都看了我的兩本保險著作《聰明買保險》、《平民保險王》之後，現在又買了第三本《小資保險王》，真的不要再被不用心的保險員給唬弄。

沒有領回的保費就當成做功德↘

　　保險真的是很簡單的商品，它可以保障風險發生的時候，你有足夠的後盾渡過難關；它只要很低很低的保險費，就可以買到很高的保障，沒有發生萬一的時候，就懷著感恩的心，把所繳的保費當成做功德，當做是在幫助已發生意外的人。

　　當你繳的保費很低時，只有幾百元、幾千元，頂多一、二萬元，不要去想「領回」，當成自己有餘力做做公益，日子過得簡單而安心。所以，向哪家公司買不是那麼重要，買對產品、找對業務員是比較重要。

　　經常有中南部的朋友不辭辛勞，請假到台北來找我，我也很感謝他們。跟我約好時間來我辦公室詢問保險事宜的讀者、粉絲很多，大部分都不是我的保戶，沒關係，我會花很多時間，至少兩三個小時，甚至到四個小時，把買保險該懂的觀念講解一清二楚。並不會像一般業務員，都介紹一些高保費低保障的產品，其實買保險就是找「低保費、高保障」的商品準沒錯，只要找對業務員，買對產品，比向什麼公司買都重要。

迷思 2 保險公司絕對不會倒閉？

保險公司也可能會倒閉, 慎選保單才是關鍵

不是每一樣保險都有再保↘

以前我剛進入保險公司的時候，我的主管常常教我拉保險的話術，其中之一是：「保險公司因為是在賣保險的，所以保險公司絕對不會倒。」

這個話術在十幾年以前，可能還有點效果，因為當時資訊沒像現在這麼開放。可是現在是個資訊爆炸的時代，用這個話術去告訴保戶朋友，「因為保險公司最重視保險，所以保險公司不會倒」，這套說詞自己聽起來都會覺得好笑，怎麼去告訴保戶朋友？我只能說保險公司也是一般企業，只要是企業都有會倒閉的風險。

又有一些業務員會告訴你：「因為我們賣的保險都有再保險」、「我們都會跟國外的再保險公司合作，所以我們的保險基本上是很穩定的，不會倒閉。」這套說詞，好像又有點似是而非。

根據我個人的了解，保險公司如果現在販售的商品有一百項的話，它並不是把這一百項所有商品都拿去給再保險公司做再保。好賺的、無風險的或不需要再保險的，它可以自己留下

來；真正風險比較高的，它才可能拿去做再保。

早期儲蓄型的保險，還有現在儲蓄型、投資型，終身醫療型保險，這種好賺的保險基本上都沒有再保。因為它很好賺嘛，跟客戶收了一百塊，放在自己口袋裡就好了，為什麼一百塊裡還要再拿八、九十塊給國外的再保險公司，實際上只賺客戶十塊錢呢？

保險公司當然也會虧損↘

我們用這個簡單的道理就可以知道，其實目前國內很多保險公司，並不是每一項商品都去做再保，當然這個也打破了業務員的說法，說我們的保險都有再保，所以公司不會倒。依照這個說法，為什麼國華人壽倒了？

它後來由政府招標改為全球人壽接手，以前我們的招標方式，是由業者出錢去投標去標下這個案子，出的價碼愈多得標的機率愈大。可是國華人壽剛好相反，哪一家公司得標，政府反而要給廠商經費，政府好像給全球人壽八百多億，讓他們繼續經營國華人壽的後續問題，這真是一大怪事，得標竟然還有錢可以領耶（別家保險業者都覺得要千億以上才肯接手）。

全球人壽800多億就敢接手，我擔心的是，類似的問題可能會在最近幾年持續發燒下去，當然牽扯到的原因很多，包括經營者本身的問題，還有銀行利率持續的低迷，這幾種情況都會牽扯到保險公司的績效。當然還有轉投資的問題，保險公司如果不好好經營，真的是有可能會倒閉。

有很多保戶問我哪一家保險公司會倒閉，我真的不知道，我只能說企業在要倒閉的時候，很多人都不知道，大概只有董事長才知道這個企業會不會倒閉。當然董事會也可能會清楚，其他人可能都不太清楚。當然也有人說大規模的公司不容易倒，小公司才容易倒，這個倒也未必。

　　我舉一個簡單的概念，我之前上電視節目時曾經分享過，但是沒有指明道姓說是哪幾家公司。我們就以一家歷史悠久、在台灣立足大概四、五十年的保險公司為例來說個清楚。

　　早期台灣的銀行定存的利率大概有百分之八，甚至更高。他們之前賣的保險，要保證客戶每年有百分之八以上的獲利，然後又是終身的。這種老保險公司吸引了成千上萬的保戶，要給這些保戶百分之八又終身保證的承諾。各位保戶，你覺得在目前銀行定存只有一點五、一點四的利率之下，還要繼續給保戶百分之八、百分之七的獲利，保險公司光是在利率上的差異就可能造成極大的虧損，而且所吸引的保戶越多，風險就越大。

日本曾經倒閉多家保險公司↘

　　幾年前日本發生金融風暴時，銀行定存利率一下子降到百分之一以下，甚至百分之零點幾，當時就倒了好多家保險公司。倒閉的大概都是規模龐大、客戶眾多的保險公司。當然這是一個時代下的悲劇，因為定存利率始終低迷，沒有辦法改善。

當時日本的金融風暴影響的程度，一直持續至今，看看他們的房價也一直低迷，就是很好的例子，就算現在的房價只有當時二至三成的價格，日本人還是不敢再多買房子，因為怕了！

剛剛有提過再保險的問題，並不是所有商品都有再保險。據我所知，旅遊平安險或是意外險，這種低保費高保障的產品，部分有拿去做再保險，而且可能是保障三百萬或五百萬以上，才會去做再保險。其他的像儲蓄型的、投資型的、醫療型的，大概都沒有做再保險的措施。所以因為「利差損」而造成的損失，當然就沒有「再保險」的保護了！現在就看看哪家公司撐得久，這是遲早會碰到的問題。

所以保險公司到底會不會倒，我覺得各位保戶都要有一個心理準備──只要是企業都有可能會倒閉。那怎麼辦呢？我們又要買保險，又怕保險公司倒閉。很簡單，我們還是回歸到保險的本質。

買一年期定期險, 比較不需擔心保險公司倒閉↘

如果我拿六百元去跟任何一家公司買一個意外險一百萬，今年沒有發生任何理賠事故，保險公司倒閉了還無所謂，明年我換一家投保就是了！

如果我是拿六十萬去買一個終身且還本型的儲蓄型保險，一年繳六十萬，二十年繳下去可能是一千多萬，萬一保險公司倒閉，我相信這時候每個人的心裡都皮皮剉。你所繳的保費愈

多，你愈擔心這家公司它會不會倒。

　　我再說得更白話一點，如果你買的是一個一年期的純的保險，就算這家保險公司倒了，明年我再換一家公司投保就好。頂多，這期間會有我身體出現一些狀況，而新的保險公司不願再承保。大致上，純的一年期的保險與長年期的保險相比，比較不用擔心保險公司會爆出財務危機的問題。

　　舉一個簡單的例子，大家都有買車險、房子的火險，你們有沒有去關心買的是華南產物或是富邦產物，還是蘇黎士產物的保險？相信各位比較不太會關心這個問題。

　　就算早期買了國華產物、太平產物這些保險公司的保險，它們都結束營業了，對社會造成的問題也還不是那麼嚴重，很多人還沒有感覺呢。

買保險是要買安心，不是愈買愈擔心↘

　　未來的經濟市場、金融市場會是什麼走向，我不太清楚；但是我只知道，大家賺的每一分每一毫的辛苦錢，都是想要累積成一些財富。如果今天我們很努力的工作，也很努力的存錢，我們把它集中放進了某一家金融機構，這家金融機構如果倒閉的話，真的會欲哭無淚。

　　至於，保險公司如果真正倒閉的話，按照我們目前的法律規定，政府會保證三百萬以內的額度，由政府安定基金裡面來支付。所以購買一年期的純的保險，能夠每家買到最高上限三百萬的話，就算保險公司倒閉且有理賠發生，保戶也不要太

擔心。

　　再次強調保險公司不是萬能的。今天買保險，應該是買到安心，如果你買了保險是買到不安心，那你花錢去買這個保險做什麼？這就是為什麼我極力推薦買一年期純的保險的原因，比較能讓保戶們高枕無憂。

迷思 3 買保險可儲蓄又有保障？

投保的保費可以當成「儲蓄」，之後可以領回，但抵得過通膨的威力嗎？

關於儲蓄險的利率有很大的迷思↘

最近，我翻開了自己大概在十幾年前買的一張保險，算來算去，大概有3%的投資報酬率左右。儲蓄型和投資型保險最大的差別就是，投資型保險會讓你好像感覺投資報酬率有10%以上，甚至高達20%的投資報酬率，但是它不保證一定會有10%的報酬，且前幾年幾乎都是虧錢的。

可是儲蓄險是固定的，十幾年以前我的保險大概3%。最近我就把坊間賣的六年期的儲蓄型保險仔細算一算，一個月可能存三千、五千或一萬，六年滿期的時候會有一筆錢，大概利率1%左右。跟定存相比，定存利率現在大概有1.4%，所以，我買儲蓄險有何用？

第一，若你想要藉由保險來儲蓄，但它的利率不到1%，表面上就比定存輸很多了。第二，你的錢最少要被綁六年，以每年存一萬元為例，我剛剛講的1%，六年複利加一加滾一滾，本利和約為六萬兩千一百元，大概差不多6.2%左右。我把同樣的錢放在銀行，本利滾一滾大概還有六萬三千兩百元，

為何要放在保險公司？放六年還得被綁住。

每年存一筆固定金額的複利表

利率 年度	0.005	0.008	0.010	0.020	0.040	0.050	0.060	0.100	0.150
1	1.005	1.008	1.010	1.020	1.040	1.050		1.100	1.150
2	2.015	2.024	2.030	2.060	2.121	2.152		2.310	2.472
3	3.030	3.048	3.060	3.121	3.246	3.310		3.641	3.993
4	4.050	4.080	4.101	4.204	4.416	4.525		5.105	5.742
5	5.075	5.121	5.152	5.308	5.632	5.801		6.715	7.753
6	6.105	6.170	6.213	6.434	6.898	7.142		8.487	10.066
7	7.141	7.227	7.285	7.582	8.214	8.549		10.435	12.726
8	8.182	8.293	8.368	8.754	9.582	10.026		12.579	15.785
9	9.228	9.367	9.462	9.949	11.006	11.577		14.937	19.303
10	10.279	10.450	10.566	11.168	12.486	13.206		17.531	23.349
11	11.335	11.542	11.602	12.412	14.025	14.917		20.384	28.001
12	12.397	12.642	12.809	13.680	15.626	16.712		23.522	33.351
13	13.464	13.751	13.947	14.973	17.291	18.598		26.974	39.504
14	14.536	14.869	15.096	16.293	19.023	20.578		30.772	46.580
15	15.614	15.996	16.257	17.639	20.824	22.657		34.949	54.717
16	16.697	17.132	17.430	19.012	22.697	24.840		39.544	64.075
17	17.178	18.277	18.614	20.412	24.645	27.132		44.599	74.836
18	18.879	19.432	19.810	21.840	26.671	29.539		50.159	87.211
19	19.979	20.505	21.019	23.297	28.778	32.065		56.274	101.443
20	21.084	21.768	22.239	24.783	30.969	34.719		63.002	117.810
21									
22									
23									
24									
25									
26									
27									
28									
29									
30									

空白處，
可以自己算算看

而且，萬一我中途沒有辦法繳到期滿怎麼辦？中途解約那就虧很多。我有個朋友放了一百萬，第一年不到就後悔了。保險公司還他七十幾萬，也就是一年之內二十幾萬元沒了。

　　這叫做儲蓄型的保險，很多保險公司都有賣。可是你就算一百萬放在銀行，當初的定存是1.4％，就算你沒有滿期要毀約，本金都還在，利息雖不會有到1.4％，可能大概還有千分之7.5或千分之8~9左右，但也不可能變成只領回七十幾萬元而已呀。

　　儲蓄型保險好不好，因為大家沒有仔細算過，或者是被表面上的數字所迷惑。很多人都誤認為儲蓄型保險的投資報酬率要比銀行高。這中間就牽扯到單利和複利的問題，簡單講，如果說儲蓄躉繳型的保單六年期，放一百萬進去，六年滿了以後，它連本帶利還你一百零八萬，多出來的八萬除以六年，平均一年大概是1.33％（單利），你會以為這比放在銀行要高，錯錯錯！這是因為單利和複利的算法是不一樣的，但是很多人搞不清楚就去買了。

　　如果存在銀行的話，就以1.33％複利來算，六年期滿應該是100×1.0133×1.0133×1.0133×1.0133×1.0133×1.0133＝1082500元（會多2500元喔！）。同樣是1.33％，單利為八萬，複利卻是八萬二千伍百元。不過買了也沒有關係，比銀行低一點也沒有關係，最重要的一點是六年通貨膨脹物價上漲的幅度，如果依照每年2％的上漲幅度來計算的話，六年表面上就12％，你賺來的利息八萬元就被通貨膨脹上漲的十二萬吃掉

了，划算嗎？

別小看通貨膨脹的影響力↘

小錢去買個儲蓄險也還OK，可以強迫自己存錢，如果今天你的金額很大，賺來的錢又被通貨膨脹吃掉，那你放在儲蓄型的保險裡就沒有什麼意義。中途解約，要繳龐大的違約金。滿期了以後，又被通貨膨脹吃掉，怎麼算都划不來。這還只是六年期，很多保戶買了十年、十五年，甚至於二十年期，還有終身型，時間越久是不是越恐怖。

很多年輕人可能會覺得通貨膨脹沒有感覺，我舉個簡單的小例子好了。

我在國中一年級的時候，那時我媽媽在永和買了一間公寓，權狀大概二十八坪，大約總價格要五十萬元。經過了四十年之後，現在最少總價一千萬可以賣掉。

一千萬除以五十萬，大概二十倍，就是指中間的通貨膨脹大概二十倍。這就是很可怕的通貨膨脹的概念。我們買儲蓄型保單，經過了幾年之後，你的資產減少了二十倍，會變成只有1/20的感覺，你心裡做何感想？當然這可能經過三、四十年的時間。但儲蓄型保險也不是完全都不好，針對月光族、不會理財的人，如果你就是抱持強迫儲蓄的態度，每個月定存五千元，存在銀行跟放在保險公司是一樣的意思，但切記時間不要太長喔，否則通膨的影響力太大！

為什麼現在的人都很懶惰，每個月自動幫你扣，你就願意

存；沒有自動幫你扣，你就不願意自己主動去存。這觀念會引導一個人，它最後的人生是富有的還是貧窮的。

我的建議是，如果真的要強迫儲蓄，就找一個離你家最近，走路就可以到的銀行或是郵局都沒關係。銀行要找小的銀行，為什麼要找小的？因為沒什麼客人，所以每個行員的服務態度都很好。比如聯邦、板信、玉山……這種小型的銀行，隨時去大概都不需要排隊。不像大型的銀行，台灣銀行、彰化銀行、華南銀行、郵局總是人山人海，光排隊都考驗著你的耐性。你找家小一點的銀行，每個月存五千元、一萬元，跟保險一樣每個月固定存，投資報酬率絕對比放在保險裡好。

我最近審視一家保險公司的保單，儲蓄型六年期的，一年繳十萬，如果第一年發生身故的話，保險公司會理賠身故保險金，你知道多少錢嗎？就是繳出去的保費十萬元，再加個一千元，總共是十萬一千元。你覺得這是保險嗎？頂多就是把你的錢領回來而已，保險的意義根本幾乎等於零。

當你要投保儲蓄型的保險、投資型的保險，如果要繳很多錢進保險公司的時候，各位一定要三思而行。每個月辛苦賺的32K、42K，放到保險公司之後，經過十年二十年變得沒有價值。

迷思4 投資型保單的壽險部分最便宜？

如果你自己平常有在買基金或做其他投資，根本不需要買投資型保單

怎麼算都不划算！揭開投資型保單的真相

簡單的分析一下投資型保單，它其實大部分就是結合一年期定期壽險和投資基金的保險組合商品。它在壽險的部分是真的蠻便宜的，屬於一年期的定期壽險，也是我一直在鼓吹大家可以買的壽險產品。

可是投資型保單的保費會為什麼都很高呢？因為大部分的錢都拿去做投資，可能有80~90%的錢都拿去投資了，這就違背了保險商品真正的意義，它變成一種「投機性商品」。

我一直在說：「保險歸保險，投資歸投資」，若保險又要包含投資，這到底是不是好的商品呢？

如果先不管投資型保單的佣金分配，基本上我認為它是一個好東西，因為可以讓懶人做投資，但是很好倒也不至於。

假設有一個保戶，他的錢一部分拿去投資，一部分買保險，但他買的是滿高保障的保險，那就還OK。但如果他第一年的保險金有百分之五十以上拿去當獎金分掉了，你覺得對保

戶公平嗎？

如果投資型保單能像你在國內買基金一樣，每一年扣1%或1.5%的手續費；或用指數化型的投資，像美國ETF一樣手續費低於1％以下，甚至是零手續費，那麼，這個投資型保單還不錯。可是目前市面上的保資型保單在第一年時，都收你高達50%以上的費用，第二年還有30~40%的費用，怎麼算保戶都不划算啊！

投資型保單的純壽險的部分，就是低保費、高保障；但投資基金的部分卻讓你繳了這麼多手續費，佣金那麼高的產品，整個組合就是爛保單。

基金、保險分開買, 省下高額手續費↘

如果你自己平常有在買基金或其他投資，就根本不需要買投資型保單了，何必先被賺走一大筆手續費呢？

投資型保單就是一年期的壽險和基金的組合，你可以只買一年期的壽險，投資的部分再自己另外去研究，這樣保費又便宜，又不會被吃掉大筆的佣金。

但這種沒賺頭的一年期壽險，很多保險公司不願意單獨賣，因為一年期的壽險，三十歲的女生一年頂多六百元的保費，佣金如果只有10~15%，誰會想去賺這區區的六十至九十元？

所以，保險公司很聰明，它就一定會加個投資的基金組合，保費可能就不是六百元而已，搞不好一年就要繳好幾萬

元，甚至到百萬元都有可能，沒概念的保戶可能會覺得買投資型保險很好，又可保險兼投資，算是懶人投資法，這我不反對。保險公司當然不是省油的燈，投資型保單裡的壽險會讓你覺得撿到便宜了，那你以為真的賺到的了嗎？你因為它一年期壽險的部分便宜而去買投資型保單，反而大錯特錯。

要理財、買保險，就別碰投資型保單！↘

在多年以前，有家保險公司在現在的投資型保單還沒推出的時候，他們就已經開發類似的商品，就是只賣類似現在投資型保險中的保險的部分。至於投資基金的部分，他們會輔導你讓你自己去買，或是他們旗下有一個投資顧問公司，讓你買他們旗下的定時定額基金。如果是投顧公司販賣的基金，大概就是收1.5%的手續費。後來這樣商品無疾而終，為什麼？因為公司和業務員都賺不到錢嘛！

業務員光有理想，在這行業裡是沒辦法生存的。我一再想幫大家釐清的一點，就是投資型保單裡面的壽險部分，絕對是便宜的。如果它可以單獨買，就是好；如果一定要綁投資，那就是非常不好。

如果你真的也是懶人的話，那麼投資部分你可以自己去買定期定額的基金，如果你對投資更有想法也下足功課，當然不需我班門弄斧，我所要強調的部分就是買投資型保單不划算。

迷思 5 保險業務員會服務你一輩子？

不想變成「保險孤兒」，花個時間把理賠步驟學起來, 其實非常簡單！

業務員不太可能服務你一輩子↘

保險業務員在跟你推薦保險時，都會說：「我會服務你一輩子」、「有事情儘管找我！」尤其很多業務員還是你的親朋好友，當然你更不疑有他。

「保險業務員會服務你一輩子嗎？」很多保戶都有這樣的迷思。我先講一個很簡單的故事，有很多保戶、粉絲帶著他的小朋友來我辦公室跟我諮詢保險。他們看到我大概四、五十歲了，其實不用他們講，我自己也會主動提出來，我說：「你們因為很相信我而向我買保險，小朋友的保險也由我來規劃。但小朋友今年才五歲、十歲，甚至小一點一歲兩歲，三十年以後，等他們三十歲、四十歲時，我可能早就已經不在人世，無法服務你們家所有人一輩子喔！」

像上述的案例，小朋友投保時才一兩歲，我都已經五十歲了，怎麼可能服務他一輩子？當然我也很希望能服務他一輩子，但那時候我可能已經變成仙或鬼了，怎麼辦呢？

比申請戶籍謄本還簡單！保險理賠自己來↘

我誠心的告訴所有保戶朋友，當你們購買保險的那一天開始，各位就要多少對保險做一些功課，甚至於更進一步，對保險各項後續的服務也要了解。

這幾年來，很多粉絲到我的辦公室詢問有關保險的各種疑難雜症，我都會趁機來個機會教育，告訴他們不要害怕去了解理賠的程序，其實很簡單。

你可以點出隨便一家保險公司的電腦網路畫面，在上面示範給他們看，如果要理賠的時候，你可以點選那裡就會有表格出來。包括如何進行理賠、變更地址、變更受益人、變更電話、繳費的方式……種種一大堆，在電腦前面就示範給他們看，讓他覺得好像不是那麼困難。或是直接把表格印出來，告訴他什麼地方要填哪裡、什麼地方又要填哪裡。

就算不會填也沒關係，相信現在每個人家裡都有電腦，沒有印表機也沒關係，最起碼都看得到電腦畫面，如果還是不熟悉操作的程序，可以撥打保險公司0800客服專線，跟客服人員在線上做簡單的溝通，若有需要填申請表格也可以填寫得非常完整，大不了郵寄往返個一兩次也都清楚了。

為什麼要學會自己操作呢？業務員都說：「反正有什麼問題，打給我就好了。」

但是有些業務員剛開始從事保險業時很投入，可是做了三個月或一年兩年之後就陣亡了。結果他所有的保戶就變成保險

孤兒，這種情況非常普遍。

如果繳了好幾年保費之後，變成保險孤兒，一生氣就跟保險公司解約，那這個對保戶來講並不公平。所以，當業務人員沒有辦法服務你們的時候，就要學著自己來，因為申請文件並不是很困難，甚至可以說非常簡單。

會申請一次之後，很多動作都可以自己來辦理。現在保險公司也開放手機版，相信以後的網路或是手機功能，還有理賠服務都會越來越趨向於人性化，越來越簡單。也就是說，保戶朋友對後續服務方面，不會像之前那麼樣的惶恐。

當我親自示範，拿起電話示範撥打保險公司0800的服務電話給很多保戶朋友看了之後，他們就會覺得很放心。就算我劉鳳和有一天不幸往生了，他們也知道要如何跟保險公司申請理賠。

若不會上網, 就去一趟保險公司把步驟搞清楚↘

重點不在後續理賠的問題，重點還是在一開始我們買的保險，買得對不對；要保人清不清楚這個保險的內容。如果他買對了，他又清楚保險的理賠內容，我相信之後的保險糾紛都會降到最低。

最怕的就是，買的時候也不清楚買些什麼東西，甚至於買了哪幾家保險公司也搞不清楚、理賠內容也搞不清楚、繳的保費甚至也搞不清楚……很多事情搞不清楚，當然你會很依賴這個業務員，可是業務員又沒有辦法服務你們一輩子。有些業

務員做不好就離職了，做得好的也可能就移民了，或者轉業了……等等的一堆問題，所以我都會給保戶朋友這一個課題：你們要學會自己來辦理保險理賠。

我不是在推卸責任，因為它很簡單，比去戶政事務所申辦戶籍謄本還要簡單。既然是這麼簡單的事情，你們為什麼要擔心？親自操作一次，相信你就很清楚了。

如果實在不行，沒有電腦也沒有手機，各位可以到各縣市保險公司據點的服務櫃台，去面對面問個清楚，這樣子總可以了吧。因為這些事情可能都關係到幾百萬的理賠金，甚至是辛辛苦苦一點一滴累積下來的資產，請個半天假，親自跑到保險公司的櫃台，應該不會佔用太多的時間與精力的。

保險業務員會不會服務你們一輩子？答案很清楚了吧！

6 保險經紀人公司的業務員比較專業？

什麼樣的保險公司並不是很重要, 重要的是跟你接洽的保險業務員。

好學校有爛學生, 爛學校也有好學生↘

「若買保險的話，跟保險經紀人公司的業務員買，是不是比跟保險公司的業務員買來得好，至少他們不是專賣一家保險公司的商品，會更專業吧！？」經常有粉絲讀者這樣問我。

「保險經紀公司」這個名詞，最近相信很多讀者都會聽到，我大致分析一下其中的差異。

目前在市場上保險經紀公司大概分為兩個大部分。第一是金控旗下很多的銀行，或者證券業，甚至於投信業都有成立所謂的保險經紀公司。各位可能有感覺到，有些人去銀行辦理領存業務，或辦理一些其他事項，旁邊就會有一個小小的貴賓室VIP區或保險服務專區，他們掛出來的牌子可能就是保險經紀人公司，它可以販賣不同家保險公司的商品，會由銀行行員專門負責客戶保險的事情，當然主要還是以推銷保險為目的。

另外，保險經紀人公司的業務員，可能跟一般國泰、南山、新光的業務員差不多。只是他們是保險經紀人公司，而不

是一般保險公司，他們確實是可以同時販售多家保險公司的商品給客戶，但是到底哪一個較好呢？是銀行的保險經紀人業務員好？還是一般保險經紀人公司的業務員好？或是一般保險公司的業務員好？

我個人覺得什麼樣的保險公司並不是很重要，重要的是跟你接洽的保險業務員。

各位應該聽過一種說法，好學校有爛學生，爛學校也有好學生！保險業也一樣，國泰有好的業務員、新光有好的業務員，但是有沒有爛的業務員？當然也有。至於保險經紀人公司有沒有好的業務員，有沒有爛的業務員，當然也有。所以什麼公司並不是很重要，而是這個人他賣什麼樣的商品，還有他是否有服務熱忱、愛心，這是比較重要的標準。

別上當！假借我的名義賣高額保險↘

有一個保險同業A先生，之前在網路上透過聊天的方式說想要跟我聊一聊。我們很隨興交換了一些對保險業的看法，沒想到，後來A在他的網站說他是我的朋友，我賣的產品他也都有在賣。我也不疑有他，覺得多一位同業認同平民保險的觀念，也是造福消費者，所以並不太在意。

但是我最近接二連三接到兩三個保戶的詢問，都是在網路上想找保險經紀人就搜尋到A先生，然後在電話或在聊天室裡也跟他聊過，就向A買了保險。A先生在跟客戶洽談時，一再強調他跟我是非常好的朋友，我書中所介紹的保險產品跟他所

賣的是一樣。所以保戶就相信A先生，向他陸續買了保險。

　　事後，經過了一年多以後，保戶覺得不太對勁，回過頭來又在網路上找到我，詢問A先生是不是我的朋友。我一聽才知道，A先生假借我的名義，去賣一些佣金比較高的保險產品，與我所介紹的平民保單並不一樣。

　　這個人不僅讓我看清他的真面目，也失去保戶對他的信賴，他雖然掛名保險經紀公司的業務員，他有比較優秀或值得信任嗎？因為他賣的保險產品有一些是我不認同的，這些是高佣金、對他有利的商品，卻不一定是投保人最需要及最適合的商品，這樣你還認為保險經紀人公司會比較好嗎？所以，業務員才是最重要的。

辨別保險公司的數字花招↘

　　國內有一家頗具規模的保險經紀人公司，它專門賣一種儲蓄型的保險，叫做增額性的壽險，每年保障的額度，按照3%或是6%去增值。讀者們注意，它只是保障的部分每年按照3%或是6%幅度增值，但不是保費，不是解約金，不是我所繳進去的保費，如果我所繳進去的保費，每年有3%或是6%的幅度增值，而且隨時解約隨時都可以拿到當時增值之後的解約金的話，那麼這才是好的保險。

　　關鍵在於它所增值的部分，不是我所繳進去的保費，而是保額。我覺得這是誤導客戶的做法。

　　這家保險經紀人公司說：「你看我這保險多好，繳費期

間每年都會有3%或是6%的獲利。」讓各位保戶朋友覺得有賺頭，因為目前銀行的定存利率才1.4%而已，這個保險有6%⋯⋯，再搭配很多的數字、文字或表單給客戶看，讓人眼花撩亂之下，不心動很難，當然就有不少的保戶朋友去購買。

這個6%可能跟買保險獲利的角度就不一樣了喔，自以為這6%就是保費增值的性質。以為你繳進去的錢越多，到最後6%滾存的程度會越高。所以保戶可能就不是只有存幾百塊錢而已，保戶可能就會繳十幾二十萬，一百萬、兩百萬，甚至一兩千萬都有可能。

保險公司若是存心誤導，我們的保戶朋友也搞不清楚，因為保戶朋友可能自己也想太多，天馬行空的亂想，看到6%的數字就以為是我所繳進去的保費的6%。幾年之後，紛爭就接二連三的出現，這家保險經紀公司的業務員有很多人都上了法院，很多人都被起訴。

這是保險經紀人公司，好嗎？打個大大的問號。

當然他們的行銷話術是經過一系列的訓練跟設計出來的。到現在為止，這家保險經紀人公司還在賣同樣的商品，還有其他保險經紀人公司的業務員，也都仿效這樣的話術來行騙。為什麼？因為這樣子賺得才多嘛！

至於傳統公司的業務員，只能賣單一一家公司的產品，就比較不會做這樣子靈活的應用。太靈活也不好，像保險經紀人公司這樣太靈活也不行。讀者朋友不要看到業務員拿出來的是某某保險經紀人公司的名片，就覺得好像很專業，不一定，不

專業的還是大有人在。傳統保險公司的業務員也不是不好，我也講過，人比較重要，當然產品更重要。

話說回來，在市場上賣這種純的一年期的保險的業績獎金，真的非常非常的低。

舉例來說，一年期的保險，三十歲的女生投保一百萬的壽險，一年保費六百元，它的業績獎金是六百元的十分之一左右，大概只有六十元。若推銷的是投資型保單，或是賣個3%增值、6%增值的保單，客戶的保費如果是十萬元，佣金率應該有一半以上，至少百分之四十跑不掉。十萬元的百分之四十，大概就是四萬元。四萬元跟六十元來比，你看看哪一個業績金額高？利之所趨，業務員會想要推銷哪種保險呢？

賣平民保單？業績少得可憐↘

一般保險公司的業務員要經過考核，每個月達到多少業績才可以繼續活下去，一般保險公司業務員每個月最起碼要達到五萬元的業績，才能夠存活。想一想，若你去賣六十元的業績，要賣多少才能達到五萬元？大概需要成交好幾百件。所以一般業務員不太會去賣這種純的一年期的保險，經紀人公司也有可能不太會去賣，光是所付出的時間和精力就划不來。

換個角度說，所謂經紀人公司就是業務員考上保險經紀人資格，他可以在外面開一家保險經紀人公司。既然他開一家公司，每個月都會有固定的管銷、房租、水電，還有管理行政、人事等諸多一大堆支出，他開公司一定也是以賺錢為目的，既

然是以賺錢為目的,怎麼可能會去賣一個只有六十塊錢業績的產品?一定是回過頭來去賣一些業績比較高的產品。所以讀者朋友不要被誤導了,以為保險紀經公司的業務員一定比保險公司的業務員要好。不對,而是要看人、看產品。

很多朋友問我,要怎麼挑選業務員?
我說:「只賣『低保費、高保障』的業務員最好啦!」

7 獲獎無數的業務員讓人比較安心？

業務員在你面前跟你彰顯得了什麼獎, 其實這些全部都是保戶的錢。

業績獎金都來自保戶的口袋↘

我之前到很多家保險公司看過，有些業務員身後的櫃子上擺滿了獎杯、獎狀，還有很多各式各樣的獎牌，有些是誇張到擺滿整個辦公室。可是仔細去看看那些獎狀，可能是他的主管印給他的，甚至有些還是自己印的，因為現在要做獎狀、獎杯、錦旗，還不容易嗎？所以這些獎狀不僅可信度有待商榷，你擺得再多，一點意義都沒有。

保險公司的這些獎狀、獎杯、錦旗和紀念品，要買現成的一大堆。保戶朋友不要被這些虛擬的東西迷惑。其中，在保險界裡有個獎項叫做MDRT，就是「百萬圓桌會員」。這個獎項我要特別解釋一下，這個獎是全世界性的，當這個業務員年薪超過百萬以上的時候，就可以去申請這個獎項。

當這個業務員的收入有達到年薪百萬元以上，他就可以得到這個殊榮。那為了要追求這個保險界至高的榮譽，很多業務員就會努力的去衝CASE、去賣保險。

賣保險如果是賣我講的「純」保險，保費六百元，只能拿到六十元的業績，一年要賺到一百萬是非常不可能的事。他們就換個角度來賣，賣「高保費、低保障」的保險商品，也許賣一件給郭台銘先生，一年的保費就高達兩百萬元，業務員的業績獎金就能有一百萬元。一年只要有一個大客戶成交，即可得到MDRT的獎項。

各位聰明的保戶想一想，他的業績獎金是從哪裡來的？是從你們的保費裡面來的。他出國領獎、出國旅遊、接受公司的招待，這些錢其實都是保戶的錢耶，有沒有很諷刺！？業務員在你面前跟你彰顯得了什麼獎，那是保險公司給他的錢嗎？不是，全部都是保戶的錢。

業績高不稀奇, 服務案件多才該得獎↘

其實保險界應該另外再設一個獎，叫做「件數最多獎」，而不是以收入佣金做為考量。剛才有提過，如果一天賣個郭台銘先生兩百萬，可能就有一百萬業績獎金，一年成交一件可能就獲獎了。所以應該再設一個「件數最多」獎，一年可能成交個一千件以上。一位業務員如果能承接到幾千件的業務量有多不容易啊，代表這個業務員真的是很辛苦，獲得他應該要有的報酬，獲獎的實質性才更加的有意義。

坊間有沒有這樣的業務員？有，但不多。大部分做保險的人應該都蠻想賺錢的。叫他一年做一件，跟一年做幾千件，我相信他情願選擇一年只要做一件大CASE，當然比較輕鬆，但

是相對的，就忘記他生活周遭的朋友有多麼需要這種有高保障功能的產品。

這些獲獎無數的保險業務員，或者他是做高資產高收入的業務員，往往容易忘記我們的小資族是最需要真正的保險。我們應該多琢磨在這種小資族身上，雖然工作會覺得很累很辛苦，但是人生會過得更充實更快樂。

保戶朋友們在看到業務員的名片，或是他的獲獎紀錄之後，都要用更仔細的思維模式去思考，後面所隱藏的意義是什麼。

案例2

老奶奶一年要繳300萬保險金，
業務員良心何在？

　　最近，有幾個保險業務員很貪心的案例，我講的不是全部的保險業務員，而是剛好碰到的幾個案子，就是血淋淋的教訓。

　　有一個保戶陳先生打電話給我，陳先生的媽媽大約七、八十歲，好像自知所剩的時間也不多了，所以把房子賣的七百萬的現金，希望以後轉給她的孫子。

　　這位媽媽有天認識一群朋友，其中有位朋友是某家保險公司的業務員。老太太把她的訊息告訴她這群朋友，說她把一棟房子賣了，想要存一筆錢，給她未來的小孫子、小孫女讀書、成家立業用……等等一大堆計劃。

　　這位保險業務員聽到之後私下找老太太，開始對她洗腦：「你可以把這筆錢放在保險公司的某項保險裡，可以定存又可以增值喔」。老太太其實是受日本式的教育，對中文的理解程度並不像一般人清楚，何況又是一些金融專有名詞，加上老太太相信朋友應該不會騙她，所以決定投保。

　　其實她只要把錢放銀行做定存就行了，絕對不會有事，不

管哪一家銀行都好。定存就是定存，和保險公司所說的「類定存」完全不一樣。

這業務員跟她介紹一個六年期一次繳的儲蓄險，存了六年之後可以領回一部份錢，或是到了六年可以每年領回一部份錢，儲蓄險大致有這兩種領回法。不管是美金也好、澳幣也好、台幣也好，我覺得也還可以。因為躉繳放在保險公司裡六年，跟放在銀行差不了多少，利息可能只賺一點點，但一樣會被通貨膨脹吃掉，這期間只要不動用它，起碼本金還會在，也不會吃大虧（前提是中間不能有所異動）。

七百萬元這麼一大筆錢要放在類似六年期定存，一想到就覺得很誇張。當然老太太可能不懂保險，也可能是業務員極力的鼓吹，比如說：「放在保險裡的利息比銀行高」。但我個人是絕對不會放，不管是不是六年期或十年期我都不會放。

定存基本上不要超過一年，我把存款放在銀行裡，一年到期了以後就再放一次，利滾利再放一次，比較彈性。可是我放在保險公司裡，這六年就會受到很多的限制。若想要在三年時就解約，或四、五年解約，可能都會虧錢，只有滿期的時候才不會虧（但還是會被通膨吃掉，這是我一而再強調的）。

$ 名詞解釋

躉繳：就是一次把保費完全繳清，而不是分期付款。

老奶奶沒有仔細看過合約的內容，所以事後才知道，只有四百萬是放在躉繳裡，另外三百萬被業務員私自放在繳費二十年的險種裡。繳費二十年的險種佣金就高了，因為躉繳一次繳四百萬的佣金大概1~2%，大概四至八萬元。可是三百萬放在二十年期的險種裡面，業務員最起碼拿40%~50％左右的佣金，算一算竟然高達一百二十至一百五十萬元。

　　她原本想把七百萬元全部放在躉繳裡，業務員不知如何魚目混珠，把老太太的錢四百萬放在躉繳，三百萬放在二十年期的保險。這老奶奶對條款上的一些文字認知，並不是像一般人那麼清楚，她就這麼希哩呼嚕簽了，當然簽的表格、文件很多，但是業務員拍胸脯掛保證說：「沒問題、請放心」，老太太也沒猶豫就簽了。

　　躉繳的部分大致上沒有什麼問題，因為一次繳完之後就都不需要再繳，第二年也不用再繳。可是問題來了！繳二十年的三百萬元，第二年是還要再繳三百萬元，這太不可思議了，老奶奶後來才知道，怎麼還要再繳三百萬，她哪來這麼多錢？

　　老奶奶當初是想幫孫子存錢的，可是現在繳不出第二年的三百萬的保險費，所以兒子陳先生出面了，他才知道有這回事。因為孫子的法定監護人是兒子（也就是陳先生），兒子當時也有在保單上簽名。大家都問我：「兒子為什麼會簽名呢？」這可能牽扯到另外一個問題，就是老奶奶受日本式的教育，日本人你也知道，高壓式的教育只有服從，媽媽叫你寫你就

$ 保險
加油站

保險期間的種類 1

第1年　　　　　　　第N年

繳費期間　終身保障

一、繳費N年,終身保障(固定保費)

保險期間的種類 2

第1年　　　　　　　　　　　　　第N年

……繳費期間……

二、繳費N年,只保障N年(保障固定期間,固定保費)

保險期間的種類 3

繳費第1年…………………繳費至95歲

1　2　3　4　5　6　……………………　69　70 ……

三、一年一保,保費隨年紀增加而增加,保障最多可到
　　70、75或95歲不同

寫。不要問這麼多，反正錢是我的，這是我的好朋友他不會騙我，你就簽就對了。

　　兒子可能也是長期在老奶奶高壓的家庭教育之下，媽媽要他簽名他就簽名，反正他只是在法定監護人的位置簽名，要保人是老奶奶，法定監護人是兒子，被保險人是一位剛滿七歲的小孩，都在保單上簽名了。

　　所有人都以為這是薹繳型，繳一次就行了，沒想到第二年還要再繳三百萬。老奶奶賣房子得來的七百萬在第一年通通繳完了。第二年要再繳三百萬當然沒錢了。所有的簽名程序全部都是合法的，想解約的話，那個三百萬二十年期的險種，在第一年就解約的話，解約金幾乎是零，一毛錢都領不到。

　　要繼續繳下去，又沒有三百萬元；不繳，三百萬就沒了。而且，他們說當初業務員好像沒把保單給他們看，所以想找業務員出面商量，但業務員避不出面，找了業務員的主管，業務員主管說這是業務員的個人行為，跟他們公司沒有關係。

　　一般人要賺多少年才可以存到三百萬？為什麼我不提另外那四百萬？因為那四百萬是薹繳型，第二年之後都不用再繳了，到了第六年可以領回一筆錢，就算跟定存差不多，也不算虧到。

　　可是這三百萬的保金是到底要不要繳？後續這家人只能提出法律上的追討程序，這又是一條漫漫長路。

　　其實我懷疑這是業務員夾帶另一份保險的要保書。本來我

只要放一張躉繳型的要保書給保戶簽名就好，但這個業務員可能夾帶另一張三百萬的二十年期要保書，反正簽名簽在空白的處，要簽一大堆地方，一般人也搞不清楚，就輕鬆的夾帶過關。

保費是銀行從老奶奶的帳戶裡扣錢，第一年都不會有問題。問題是沒有看到保單，怎麼會沒問保單在哪裡呢？辛苦賺來的錢，就這樣被人家一張嘴騙個精光。

事後當然也很感謝很多朋友提供一些意見，包括在投保的時候，由於保費的金額很高，應該會有財務告知書。業務員對要保人做一個財務告知書，但到底是內容不真實，還是用了其他蒙騙的手法，可能要把原始檔案調出來以後才知道。

也可以向保險公司要求調出電話錄音，因為要銷售這種高保費的產品，保險公司核保部門都會有電話再去做double check的動作，double check的內容，又是如何呢？唉，反正老太太的三百萬會不會追回一半都不知道，這又是一個血淋淋的例子。

所以保險不要隨便亂買，我一直強調，有時候「沒買，比買錯還好」。

Part3
網友最常問、最想知道Q&A

奉勸所有機車族和經常被載的乘客，都要去買五百萬元、甚至一千萬以上的意外險，保費非常便宜，一旦發生意外，也可以給家人足夠的保障。

Q1 有醫療險，不妨改用自費藥物？

為了要減輕之後自費付藥的負擔，乾脆先買一個實支實付的醫療保險好不好？

買實支實付險划得來嗎？

有一個問題一直在我腦袋裡盤旋了很久，因為詢問的人太多，我不敢說我的論調完全正確，但可以提供讀者另類的思考層面。

這個答案其實是因人而異，它沒有絕對的答案，所以可能會引起爭辯，我也只是說出我的觀點，供大家參考；或許您會覺得我的論點有不週全之處，也請海涵。

很多人習慣去醫院看病，罹患重病的人很多，小病的也不少，有些醫生會跟你說：「健保的藥物療效比較不好，你有沒有保險？自費的藥會比較有效（或副作用比較少）。你要不要考慮用自費的藥？」假設如果我是病人，聽到醫生這樣說，大概八、九成的人都會選擇自費的藥，誰敢跟性命開玩笑呢？

現在因為這個現象很普遍，所以有保戶來問我，為了要減輕之後自費藥物的負擔，乾脆先買一個實支實付的醫療保險好不好？這樣自費藥物的部分就可以用此實支實付型的醫療險來

Cover了！

實支實付醫療險理賠分析（雜費部份）

住院醫療費用保險金：雜費的部分 本公司給付被保險人住院期間所實際支付的下列費用，以本附約約定的「住院醫療費用保險金」為最高限額。（以住院病房1000元／日、雜費6萬／次為例）		
1	醫師診察費	大部分花不到錢
2	醫師指定用藥	大部分病歷上醫師比較不太註明「指定」二字，而是病患自願的。
3	血液（非緊急傷病必要之輸血）	健保免費
4	掛號費及證明文件	小錢
5	來往醫院之救護車費	小錢
6	化驗室檢驗、心電圖、基礎代謝率檢查	健保免費
7	敷料、外科用夾板及石膏整型（不包括特別支架）	小錢
8	物理治療	健保免費
9	麻醉劑、氧氣及其應用	小錢
10	靜脈輸注費及其藥液	免費或小錢
11	X光檢查及放射性治療	免費
12	因遭受意外傷害而住院診療者，且經醫院之專科醫師證明其為回復正常生活所必要而需裝設輔助器（如義齒、義肢、義眼、眼鏡、助聽器、或其他附屬品）Ps.但同一次事故各項裝置以一次為限	低保費的意外醫療險內就包含了此項給付，且不需要住院

　　給大家看一下上述的表格，它規範每一個項目的給付額度，是在額度六萬元之內才實支實付，且先決條件是要有「住院」。

　　如果有一位老人家膝蓋退化，來做膝蓋置換的手術，大概很多醫生都會說用健保換一個人工膝蓋大概只能用五年、十年，可是自費的材料比較好，可以用十年以上，甚至十五年，

問你要不要用自費的？如果用健保大概不用錢，可能要花也花不到多少錢。自費的人工膝蓋可能一個就要七、八萬元以上，兩隻腳都換的話可能十幾二十幾萬元，它可以用十年以上，那該不該自費呢？

我們回過來看剛剛實支實付的給付表，如果買住院一天一千塊錢之內實支實付的這種保險，它含有手術或是雜費的費用，頂多在六萬塊錢額度之內實支實付。如果買兩個單位12萬，老人家一年的保費大概要一萬多元。

「該不該買這個保險，該買多少單位？」太多人問我這個問題。我說你買兩個單位，老人家一年就要繳一萬多元的保費，如果真的發生需要膝蓋置換的話，大概十萬元之內可以獲得理賠，頂多也賠一個膝蓋而已，如果要賠兩個膝蓋，需要買到四個單位，你的年繳保費可能就要兩、三萬元。（手術只動一次，保費可是每年都要繳個二、三萬哦！）問題是老人家如果要投保，身體也一定要像「牛」一樣健康喔！

注意！需醫師「指定自費」才能理賠↘

前陣子有家理財雜誌曾經做醫療保險的專題報導，有保險公司開始限制理賠了。換句話說，不是所有「自費」的部分保險公司一定會理賠。而是要醫師「指定」，「指定」的涵義是要出現在病歷中，非得用「指定」的藥品或器材才能治好，這要醫師很明確的記錄在病歷中，保險公司才會理賠。試問有幾個醫師會明確的寫在病患的病歷中呢？

一年期(住院)醫療保險　2擇1給付
保費是自然保費(隨年紀增加而增加)

住院 (定額) 醫療保險　1000元/日　免收據	
內容	理賠金/日/元
1	住院(1~30日內)費用	1,000
2	住院(31~60日內)費用	2,000
3	住院(61~90日內)費用	3,000
4	住院(91~180日內)費用	4,000
5	住院(181~365日內)費用	5,000

住院 (額度內 實支實付) 醫療保險　1000元/口　要收據	
內容	理賠金/日
1	住院每日病房費	1,000額度內
2	加護病房費	3,000額度內
3	住院(1~30日內)雜費 (內容請參考149頁表格)	60,000額度內
4	住院(31~60日內) 雜費 (內容請參考149頁表格)	120,000額度內
5	住院(61~90日內) 雜費 (內容請參考149頁表格)	180,000額度內
6	住院(91~180日內) 雜費 (內容請參考149頁表格)	240,000額度內
7	住院(181- 365日內) 雜費 (內容請參考149頁表格)	300,000額度內
8	出院療養費	600額度內
9	手術保險金	50,000額度內

因各家保單內容不同，數據僅做參考

不分男女　1000元/日　保費/年

年齡	保費/年	年齡	保費/年	年齡	保費/年
0~23	2100	38~42	2900	58~62	4800
24~27	2200	43~47	3200	63~67	6000
28~32	2500	48~52	3700	68~72	8000
33~37	2600	53~57	4200	73~75	9600

各家保險公司保費均有差異，數據僅做參考

目前的現況都是病患自己選擇自費的，而不是醫師「指定」用自費的，這中間差很大呢！

為什麼呢？因為住院型的醫療保險或住院型的實支實付的保險，第一個條件一定要住院，第二個條件就是要積極的治療。也就是說保險公司認定健保給付的膝蓋，不需要花很多的錢就可以用，為什麼還要選擇花錢的自費膝蓋呢？

買很多這種實支實付型的醫療險，是不是也要考慮一下，健保給付真的不好嗎？（當然啦，很多醫生這樣講）。真的好不好？我不曉得，也許自費真的不錯。

在這種狀況之下，萬一我買了很多保險，保險公司又不理賠，超過常規自費的話，那我是不是賠了夫人又折兵？為什麼會有越來越多的情形，醫生讓一般病人「自願」用自費的呢？

有一位醫生朋友私底下告訴我，這也不能怪醫生啦，因為如果他是受僱於這家醫院的醫生，現在健保新的制度，醫院不像以前那麼容易賺錢。所以醫院就會有一些「扣搭」，跟醫生要求一些業績，希望能夠讓病人多用自費就盡量用自費，可是我覺得如果健保有給付的項目，還是盡量用健保的就好，這樣才不會有太大的經濟負擔。

如果這種情況變成常態，我敢跟各位保證，以後的商業保險在這方面的理賠也會越來越困難。

之前曾經有個新聞議題，是指精神病的患者白天住院治療，到底要不要理賠？精神病患要痊癒沒那麼快，至少要恢復正常人的狀況還有一段距離，可是家人又不希望把他放在家

國內理想
的醫療險

應該像海外旅遊
平安險附加的
「突發疾病險」一樣
買個10萬或100萬的額度
只要住院以上，
花多少就賠多少！

對呀！我要的
實支實付
就是這種！

我們家
沒賣這種耶！

裡，或許是一個不定時的炸彈；把他放在醫院裡接受治療是比較好的選擇。不過，若是健保沒給付的話，醫院也不願意收，家屬又沒有錢，怎麼辦？

現在很多人都用「日間住院」的方法，白天家人去上班的時候，把病患送到醫院去住院，超過八小時或六小時以上就算住院一天，下班以後再把他接回來，一年三百六十五天一直這樣做。

反正，健保這樣可以理賠，病患家屬也可以暫時紓解壓力。（不過，根據最新的訊息，未來這種狀況也可能不賠了！）

健保給付的品質真的較差嗎？↘

可是為什麼健保署、保險公司、醫院又開始討論類似的項目可能以後不會理賠，因為他雖然是有住院，雖然是疾病，可是無法立即痊癒。住院期間可能是長達一年以上甚至數年，造成社會大眾沉重的負擔。如果健保和保險公司都不給付的話，我們的保戶朋友和家屬可能就要自己負擔了，唉，這就是長期照護或另一個層面的社會問題，保險並不是萬靈丹！

這就跟人工膝蓋一樣的意思，變成常態了之後，可能商業保險公司也開始會不理賠，還有心臟支架的給付也是同樣的問題。其實有些狀況健保都會理賠，如果說真的是心肌梗塞，健保的支架應該OK，也沒有人說健保的支架品質會不好，可能會有一點點差異，但是不可能沒有效用呀。

其實很多實支實付一個單位額度也不夠，我剛剛有說實支

實付是在一定的範圍之內實支實付，住院一天一千塊錢的一個單位，在手術部分大概是五~十萬元之內實支實付。

所以，一個膝蓋自費要八~十萬元，兩個膝蓋二十萬元，最起碼要買三到四個單位的醫療險才夠，但保費也跟著比例增加。如果沒有買實支實付的醫療險，最起碼健保也有人工膝蓋，所以這個問題還是讓保戶朋友自己去做選擇。

人的身體一旦老化了之後，可能不僅要換人工膝蓋，也會有髖關節的問題，也會有白內障……，這都要一起考量，不一定健保的就比較不好，自費的一定比較好。

前一陣子就爆發一則新聞，某家醫院的醫生跟病患說：「你需要注射骨粉，健保有給付。不過健保給付的骨粉比較不好，我們有國外進口的骨粉比較好。」那客戶當然說好，至於有沒有買保險我不曉得。病患花了一筆錢買自費的骨粉，經過幾年之後，不知如何東窗事發，病患發現醫院幫他注射的還是健保的骨粉。

買保險本來就是希望萬一的時候，能給足夠的保障，而不是要靠保險來獲取利潤，這當然很重要。至於保險公司會不會全額的理賠，我只能說可能初期理賠狀況不錯的時候都還沒問題，可是一旦到大家都濫用的狀況之下，就會讓保險公司仔細考慮了，大家要注意一下。

其實我們的健保制度還算不錯，我個人認為至少有八、九十分的水準。至於你說藥物好不好，這是無限上綱的問題，一個膝蓋要花上二、三十萬的也有，但不是每個人都花得起。

目前台灣的健保制度還很完善，該給付的都有給付，真正要治療健保也都會有理賠，品質應該也有一定的水準。

有些人因為罹患重病，生命懸乎一線，要痊癒的機會很渺茫，需要用很昂貴的藥物、器材才能讓他維持生命，有時健保沒給付時，該怎麼辦？這真的是很難解的課題。

接下來我們會討論如何靠自己的問題，這就是我在內心裡潛藏好久，不曉得該怎麼樣告訴讀者。我只能把我碰到的狀況都舉例出來，由讀者自己來做選擇。

Q2 一定要跟保險公司告知健康狀況嗎？

提醒保戶不要因小失大，要明確清楚告知保險公司你的就醫記錄，以免之後不理賠

　　這個問題我直接用二個實際的案例來回答讀者：

【案例 ①】健保卡借給別人用，自己無法投保↘

　　十八歲的筱玲（化名）從中部來台北打拚，跟一位三十多歲的女性室友合租一間房，兩人一起合住久了總是有感情，但是她的室友罹患憂鬱症，雖然都有按時去就診，醫生也開了藥給她，可能劑量不夠，但依照健保的規定，醫生只能給的劑量是有上限的，室友就想到一個方法，向筱玲借健保卡，十八歲的筱玲本身並沒有精神疾病，但朋友要求幫忙，阿沙力就答應，把健保卡借她室友，她室友用兩張健保卡去申請兩份的憂鬱症的藥劑量，這樣的情況持續很長一段時間。

　　經過了三年，兩個人也分開來住了，筱玲想投保商業保險，投保前保險公司當然都會問：「這兩年或五年有沒有什麼身體異常，吃了什麼藥？做了什麼治療？」筱玲心想她沒有就診的記錄，這幾年身體都很健康，結果卻遭保險公司拒保，保

險公司回覆：「你曾經在某年某月到××診所去就診，拿了什麼藥……為什麼沒有誠實的告知？」筱玲就慌了，她跟保險公司解釋：「那不是我啊，我把健保卡借給別人使用的，我也不知道啊。」

這個問題有點麻煩，你本身沒有疾病，保險公司理當會承保，但你把健保卡給別人使用，保險公司怎麼會知道，你自己要提出證明，提出證明就是你要去診所把記錄消除，而醫師會把記錄消除嗎？當然不會。

她的室友也早已失去聯絡，筱玲跟保險公司再三解釋，並願意寫切結書，但保險公司還是不願意承保，反正也不差你一個保戶，如果你買的是低保費高保障的保險，那保險公司當然更不喜歡了，又沒賺多少保費，萬一你是真的有精神疾病的話怎麼辦呢？到時容易產生保險糾紛，之後若有賠償問題，又怎麼辦？

後來筱玲找到我，希望我幫她投保，我不知道有這段故事，就幫她送件，結果也是一樣被退回，保險公司不願承保，她才告訴我前因後果，結果怎麼辦？唯一的辦法就是改回真正的病歷，但這當然是不可能做到，室友也不知跑到哪裡去了，我只好安慰她說：「那你再等兩三年看看，這兩三年若沒有就診的記錄，我們再來投保，或許保險公司就願意承保。」

經過三、四年之後，最近她又想到這件事，又再來找我投保，我也覺得可以試一試，就再次幫她申請投保，還是一樣又被退回來了，退回的理由沒變，除非你能得到醫院的證明，變

更病歷，並蓋上醫院的官防，保險公司才願意承保。

這也不能說是因小失大，只能說她太相信朋友，個人的健保卡怎麼可以隨便借人家使用呢？造成一輩子都不能投保的狀況，實在是虧大了。

筱玲畢竟還年輕，目前才二十幾歲，身體健康還不錯，我一再跟她溝通，也試過投保其他保險公司，結果還是一樣，現在各保險公司都會有連線，A公司知道某人被拒保或者其他可疑的地方，B公司或C公司也都會知道。只能過幾年再投保看看，我非常同情她，但也覺得她實在太傻了。

【案例 ②】沒有告知就醫記錄，被保險公司拒賠↘

有一位吳太太向我投保三個小孩的保險，以住院的醫療險為主。小孩也年輕非常健康，有念高中念國中的，照理來說，小孩的身體狀況媽媽最清楚，投保時吳太太自信的說小孩的健康都沒有問題，隔了一年，吳太太要幫其中一位念高職的女兒申請住院醫療理賠，好像是盲腸炎住院，理賠金大約三千多元，資料都準備齊全送進保險公司，結果是「不賠」。原因是在投保之前，她有很多醫院的就診記錄，竟然沒有告知保險公司。

我把結果告訴吳太太，她氣得反駁說：「保險公司是騙人的，都是投保容易理賠困難！我做媽媽的怎麼會不清楚自己女兒的身體狀況呢？」保險公司只好再將更詳細的資料告訴我，同時她也詢問女兒，是否有就診記錄？結果小女兒默默承認，

因為她不愛念書，經常翹課，要跟學校的教官請病假，才不會被當成翹課，所以她就三番兩次去醫院就診，謊稱胃痛，拿就診記錄去學校補請病假，這樣才不會被記太多曠課而被退學。但吳太太在幫她們投保時完全不知情。

吳太太知道後大為火光，把女兒痛罵一頓，我只能在旁苦笑，畢竟也不是什麼嚴重的事情。不過這件事也讓我和保戶更加警惕，凡走過必留下痕跡，在投保時一定要明確且清楚告知保險公司最近五年的就醫記錄，重大的疾病是五年之內不要有吃藥治療的記錄，小的病痛也要兩年內不能有吃藥、治療的記錄。至於什麼是大病，什麼是小病，要保書內的健康告知裡面都有列出說明。

【案例③】到中醫診所調養身體, 被加註病況↘

有些人經常去中醫診所調養身體，拿些補藥或做推拿。我不是說中醫師不好，但這狀況會陸續發生，所以我提出來供大家參考。

現代人愛用3C產品，造成骨頭或肌肉酸痛的毛病，選擇去中醫診所治療，很多醫療院所都會問你：「有沒有投保意外醫療險？如果有買的話，醫生就會開好一點的藥給你，反正有保險公司會賠給保戶。」保戶也覺得可以用好的藥就當然同意！

但問題來了，什麼叫做「好一點的藥」？這藥跟你所治療的疾病有沒有直接關連性？就有一位保戶，醫生開給他的藥比

一般正常的貴了很多，他申請理賠的金額太高，引起保險公司的懷疑，請保戶出示醫生所開的藥品明細，給保險公司參考，想了解跟保戶受傷的治療有沒有直接的關係，結果出示的藥方，很多是顧肝顧眼睛顧腰子的補品，連保戶自己都不知道，這藥非常昂貴，有冬蟲夏草、人參、靈芝等珍貴的中藥材，確實跟這次的受傷治療無關， 因為金額不小，保戶也覺得保險公司會理賠就配合中醫院所。

在此種情況下，中醫診所開出來的藥，一方面可以向健保署申請補助，一方面又轉嫁到保戶身上，保戶又不用自己花錢，這是趁病人不知道的狀況下，偷偷在病歷上做文章動手腳，可是保戶之後若要再加保新的保險，一定不知道他的病歷上曾有過肝、腎的問題，他可能會告知保險公司：「我之前只是肩膀扭傷，其他都沒問題。」但這是保戶自己的認知，跟實際上的記錄就不太一樣，萬一之後若發生什麼問題，保險公司一調記錄就知道，你曾經腎不好肝不好且有治療吃藥的記錄，而保險公司認為你沒有誠實告知，萬一這是一筆重要的理賠金額，怎麼辦？真是會欲哭無淚啊。

為什麼會講這三個故事呢？是希望大家不要因小失大，要明確清楚告知保險公司我們的就醫記錄，我再次強調這不是針對中醫師，只是這樣的狀況確實很多，值得保戶們多加注意。

Q3 出國洽公、旅遊、留學時,必買什麼保險?

買海外旅遊平安保險是出國前必做的功課, 千萬不要隨便買一買就自以為OK。

海外突發疾病時, 什麼險能派上用場?↘

這問題很嚴肅,因為這陣子出國去澳洲打工、遊學的人很多,去大陸當台商的也不少,出國旅遊的人數也節節高升,但是關於外出時該買什麼險呢?

先講個真實的案例,當初新聞都有報導,有一對年輕夫妻,他們去奧地利蜜月旅行,先生是三十歲左右的公務員,在飛機上快飛到奧地利的時候,先生突然中風,中風的原因不明。飛機落地後,在奧地利的醫院住院治療,前前後後大概住了二十幾天,後來回台灣,全部的費用一百多萬。除了醫療費用之外,也牽扯到醫療專機轉送的問題。

我想反問讀者,國內哪幾個保險可以幫他付掉這一百多萬?你在投保前有沒有思考過這個問題?

第一,先來看看很多人喜歡買的「實支實付住院醫療險」。如果我們買一個單位的住院醫療,先不管是終身型的還是一年期,住院一天理賠一千塊(為一單位計算)。一年期醫療

險保費大約要繳三千元，終身型的可能要年繳一萬五千元，他大概住了二十幾天，只可以獲得理賠兩萬多元。

但他們全部花了一百多萬元，理賠的這兩萬元作用不大。聽說他們當時沒有足夠的錢，整個村子裡的人還籌錢把他運回來，幸好，年輕人只是輕微中風，復健一段時間，就能恢復八、九成，但是我們買一般的住院醫療保險有沒有用？答案是：「沒有用。」

第二，若是他買了「重大疾病險」，重大疾病險腦中風可以理賠。但重大疾病險裡所定義的的腦中風標準很嚴格，幾乎要等於不能講話、不能吃飯，有點類似植物人的狀況，重大疾病才會理賠。這位年輕人雖然是中風，但他的狀況屬於輕微中風，買重大疾病險也不會理賠。

第三，若他買的是「意外險」賠不賠呢？中風不是意外，當然不能理賠。

那買「長期看護險」能不能獲得理賠？結果是，也不能理賠，因為他復健後可以走動、可以吃飯、可以講話的。癌症險更不用講，他不是罹患癌症。

唉！這個不賠、那個不賠，那什麼可以賠？買了很多的保險，都沒有可以理賠的，怎麼辦呢？

旅遊平安保險不可忽視的功能↘

這時我會建議要買「旅遊平安保險」。因為一般的旅遊平安保險主約都是意外險，會再附加一個海外突發疾病的險種。

比如若旅遊平安意外險主約是一千萬，買個二十天，再附加一個海外突發疾病險可以買到一百萬元，也就是主約的百分之十。像這一對新婚夫妻的先生在海外發生中風，如果之前在國內也未有過同樣的疾病紀綠，是突然在海外發生的，那麼就可以理賠。這個就是純粹的實支實付，可是這個海外旅遊保險附加海外突發疾病險在國內就不適用，出國時才適用。

旅遊平安險費率表

意外險主約：身故或殘廢	300萬(元)			500萬(元)			1000萬(元)		
意外醫療險附約（實支實付）	0	30萬	30萬	0	50萬	50萬	0	100萬	100萬
海外突發住院疾病附約（實支實付）	0	0	30萬	0	0	50萬	0	0	100萬
5天	169	215	321	282	358	529	564	717	1039
10天	225	286	427	370	471	699	722	918	1348
15天	273	347	519	446	568	847	844	1073	1599
30天	388	493	740	628	798	1198	1179	1500	2253
90天	749	953	1430	1213	1543	2315	2283	2905	4359
180天	1026	1305	1958	1661	2113	3170	3128	3980	5970

　　但是很多人出國時，要不就是沒有買保險，要不就是旅行社幫忙投保一個兩百萬的意外險加上一個三萬元的意外醫療，

大家都覺得有買就好，或是很多人認為刷卡買機票有個一千萬的意外險（但那是只有在飛機上時才有保障，下了飛機就沒有保障了）。很多人就算有買一般的旅遊平安險，也都是意外險或附加意外醫療險，結果發生疾病是不會理賠的。

若以一千萬的意外險當主約，再買個100萬的「海外突發疾病險」，出國六、七天，保費大概一千多元而已。它也是屬於低保費高保障的險種，你出國團費幾萬塊錢都花了，多付個一千多塊錢有什麼關係？很多人都會買意外險，但極容易忽視這點，記得還要買「海外突發疾病險」才對。

要特別提醒的是，海外突發疾病的險種，它還是有些但書的規定。在海外發生的疾病，出國前半年在台灣是不能有同樣疾病門診醫療記錄的，一年內不能有住院醫療的紀錄，這是帶病投保的問題，如果上述時間在台灣已經發生過的疾病，就無法獲得理賠，它特別有這項但書的限制。

留學生必備海外意外醫療險↘

我還要介紹另一個保險是──「意外醫療險」。現在有很多的海外留學生去美國念書、去澳洲打工，海外遊學很常見。我有個朋友的小孩到美國去留學，在那邊滑雪，滑雪其實蠻容易發生意外，結果小朋友跌倒，把骨頭摔斷了！在美國大概花了五十幾萬元的醫藥費。爸爸媽媽原以為在台灣幫他買了很多的醫療險，應該可以理賠，結果不然。

請注意一下，由這個案例回想我們平常在台灣買的保險。

他在美國大概住院住了五天而已，可是醫療費用大概花了五十幾萬。台灣有哪家保險公司可以賠他五十幾萬？沒有！

在台灣買意外醫療險一般來說大概是三萬元的實支實付，就算三萬元都賠給他，可是他花了五十幾萬元，還有四十七萬元呢？如果又買了很多住院型的醫療保險，一天賠兩千塊好了，住院五天賠一萬，那還差四十六萬呢？

美國的醫療支出非常昂貴，怎麼辦？出國的時候，應該要買一個高額度保險的，剛剛有講過海外旅遊平安意外險主約（最好買到1000萬），下面可附加一個突發疾病險（可買100萬），還可以再買一個實支實付的意外醫療保險（100萬）。這些買的是意外醫療一百萬的額度，不是一般台灣的兩萬三萬喔！台灣意外醫療的實支實付，買個兩三萬元就夠了，是因為每個人都有健保，所以一般只有規劃兩、三萬而已。

$ 保險補給站

海外旅遊不便險的承保範圍

1. 旅程取消保險	7. 第三人責任保險
2. 旅程縮短保險	8. 旅行期間居家竊盜保險
3. 旅行文件損失保險	9. 班機延誤失接保險
4. 旅程延誤保險	10. 班機改降保險
5. 行李損失保險	11. 現金竊盜損失保險
6. 行李延誤費用保險	12. 信用卡盜用損失保險

可是在海外就不一樣，沒有健保喔！美國的醫療費用非常貴，所以要買一個海外旅遊平安保險，下面附加一個意外醫療，最好買個一百萬或五十萬的額度，保費也不是很貴。一年一兩百萬的學費都繳了，再花個一點錢買個保險，求個心安。

但是這位小留學生都沒投保「意外醫療險」，在台灣買了很多一般住院醫療保險，也幾乎完全沒有用。

所以買保險不要自以為是，認為台灣的保險公司都會理賠，結果完全不一樣。不論你是留學或澳洲打工，或是想出國度蜜月，或是去旅遊，不要忘記在你的海外旅遊平安保險裡面附加一個意外醫療險，再附加一個海外的突發疾病險，花小錢保心安。

簡單講，我建議你可以分別向產險公司和壽險公司各買一部分的海外旅遊平安險，因為產險公司的海外旅遊平安險會附送旅遊不便險，而壽險公司的海外旅遊平安險會附送海外緊急救援服務。

如此一來，由「海外旅遊平安險」當主約，附加「海外突發疾病」、附加「意外醫療」，五種該有的保障都有了，這就是我自己稱的「買三送二」。

出國旅遊買「海外旅遊平安險」是非常重要的事，要買到很專業很清楚，去找一個很專業的保險業務員會更好，千萬不要隨便買一買就自以為正確。

附贈的保險不一定實用↘

順便一提，有些出國如果刷信用卡付團費，對方可能會送你兩千萬、三千萬的保障，各位要清楚這並不是全程的意外險，它送的保險可能就是只有搭飛機時的保障而已（我簡稱為『搭飛機平安險』）。

如果刷卡付團費，旅行社需要多付2%的手續費給銀行，三萬塊錢的團費2%大概是六百元，旅行社要多付六百元給刷卡公司。如果團費用現金支付，可以少付2%，節省的這六百元，可以自己買一個全程的旅遊平安保險，基本上也滿夠用的。

所以，有時付現金，省下來的錢自己規劃一個完整的旅遊平安險，會比刷卡送的保險實用的多。當然，每個人考量的層面不一樣，只是提供大家一個另類的選擇。

並不一定每個旅行社都會有刷卡價或現金價的差別，有二者都是同一個價格的。重點還是既然花同樣的錢買，就要買到一個好的保險，這是海外旅遊的部分，無論大人小孩都滿重要的。以前的書本也不會教消費者要買這個保險，因為保費低、佣金也低。不過出門在外，最重要的是快快樂樂的去享受旅途的點滴，記得要先規劃好足夠的旅遊平安保障。

$ 保險補給站

海外緊急救援服務項目

一、旅遊協助

1. 行前資訊
2. 通譯／秘書推薦服務
3. 護照遺失協助
4. 行李遺失詢問
5. 法律協助
6. 使領館相關資訊提供
7. 緊急資訊／文件傳送

二、醫療協助

1. 電話醫療諮詢
2. 推薦醫療服務機構及預約安排
3. 推薦醫師診療服務
4. 緊急預定機票及飯店
5. 出院返回工作地
6. 特殊醫療用品專送
7. 安排入院許可
8. 住院時病況觀察
9. 代墊住院醫療費用
10. 安排緊急醫療轉送
11. 安排緊急醫療轉送回國
12. 安排遺體／骨灰運送回國或當地安葬
13. 安排親友前往探視
14. 安排未成年子女返國

小資保險王

4 小孩保費很便宜, 愈早
幫他們買保險愈好?

如果以壽險來說, 要等七、八十年才能領到這筆錢, 經由
通貨膨脹之後, 其實小孩的保費並沒有比較便宜。

算一算!別小看通膨威力!↘

很多爸媽都會有這個疑問:「到底要不要幫寶寶買保險?因為小孩的年紀小,所以保費很便宜。」其實這個答案很簡單,一、兩歲的小孩的保險費,拿來跟四、五十歲,甚至五、六十歲時的保費比較,相對之下覺得超級便宜。

五、六十歲的人如果投保壽險,可能再經過二、三十年壽終正寢,就可能會領到理賠金,所以保費當然貴。可是剛出生的小孩,可能要等到七、八十年才會領到這筆錢,當然保費就比較便宜,因為死亡的機率低。

但是它真的便宜嗎?那只是表面上數字迷思,你再仔細算一下,如果以壽險來說,要等七、八十年才能領到這筆錢,再經由通貨膨脹的關係,其實小孩的保費並沒有比較便宜。很多人就是因為小孩子還小,所以去幫小孩買了很多保險,表面上好像很便宜,但當你收入有限時,家裡主要賺錢的經濟支柱反而沒有買到足夠的保險,這完全是逆向而做的行為。

其實這是一個假像，小孩子的保費其實並不便宜，只能算是公平合理而已。經過精算，現在買個十萬元或是一百萬元的壽險，經過八十年以後，一百萬元能不能與能現在的五萬元、三萬元等值可能都有待商確。因為經過八十年，世事難以預料，所以保費並非真的比較便宜。

想一想！別忽略通膨威力↘

受到爸爸媽媽喜愛的還有終身醫療險，覺得住院一天保險公司就給付一千元，好像多少可以補貼，以為還不錯。但是我要提醒你的是，有沒有想過經過八十年以後，可能那時候的一千元只相當於現在的十塊錢，所以我要那十塊錢、二十塊錢做什麼？

日據時代很多台灣人購買日本的簡易郵政壽險，日本人占據台灣大概有了五十年的歷史，這些人現在拿著日本簡易壽險保單要去理賠，保金相當於現在的幾百元，現在要那幾百元能做什麼，只能買幾個便當，但是當時那些錢是非常大的，經過這幾年折算以後，就變得非常非常小了。

你有沒有想過，當時那些人可能每天省吃儉用存了一筆錢，經過幾十年到現在，卻只領個幾百塊、幾千塊，根本毫無幫助。錢給人家用了五、六十年、七、八十年，回報卻少得可憐。這是一個很簡單的通貨膨脹的概念，希望大家能仔細考量。小朋友的保費表面上看起來很便宜，實際上並不是真的很便宜，所以要特別注意到這一點。

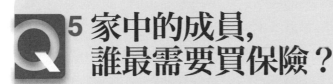

**Q5 家中的成員，
誰最需要買保險？**

家中最主要的經濟支柱，也就是賺錢的人最需要買保險。

經濟支柱最需要保險↴

　　我們可以再用另一個角度來看，如果依照保險埋賠金額的主要是死亡和殘廢這兩個部分，還有一個醫療賠償的部分我們先不談，就先以壽險、意外險，還有癌症險這三個險種來看，一個家庭中誰最需要買保險？

　　這是很現實的問題，家中若是誰不幸死亡的話，誰最能影響一家的生活？還是那句話，家裡主要的經濟支柱最重要，他最需要買保險。

　　如果以一個四口之家來看，可能是爸爸，因為他是主要賺錢的人，所以他不能倒，再來是媽媽，現在都是雙薪家庭居多，只靠一個人養家的話，生活的壓力及負擔都不小。

　　另外，需要注意的是，現代人因為工作壓力大，很多老年疾病年輕化，包括失智、中風、心肌梗塞、癌症……等疾病，四、五十歲就中風及心肌梗塞的時有所聞。

　　我建議家裡主要賺錢的人最需要買保險，尤其是年過四十歲的男生。如果孩子還小的話，壽險可能要買到五百萬左右，

才能夠算是比較足夠的理賠金。當然要看每個人的收入，我覺得五百萬元的壽險是最基本的保障。

如果以意外險死亡的角度來看的話，其實是每一個人都很需要的保險。尤其是摩托車騎士和乘客非買不可。我自己就常騎摩托車在大街小巷中跑，摩托車是非常危險的交通工具。

很多人都以為在大台北地區因為車多人多，應該是騎車發生意外最多的地方，但其實都市中因為車潮多，騎車的人反而會減慢速度，危險性相對沒那麼多，倒是自己摔倒或跟人家小擦撞這種小意外比較多。反而是鄉下的馬路、省道，那種大貨車通行的馬路，發生意外反而比較多，而且造成的傷害也比較大，往往都是殘廢或死亡車禍。

所以，我會建議意外險其實每一個人都需要，尤其是摩托車騎士和乘客，一定要買到一千萬以上的保障。

購買一年期癌症險, 注意「保證續保」↘

必買的保險還有癌症險，女生在三、四十歲，癌症的好發機率比男生要高。尤其是子宮、卵巢、乳房方面的疾病都比男生的機率要高很多。

購買癌症險時，如果保費可以負擔的起，單位數愈高越好。坊間有很多癌症險是一次領，也有一種是按照住院、手術，還有以後的門診和化療的分項給付，都各有利弊。如果保費便宜的話，我覺得買的單位數越高越好。但是要記住很重要的一點，要有「保證續保」四個字。

因為很多坊間的一年期癌症險沒有「保證續保」就比較麻煩。可能你買第一年、第二年第三年都還沒問題，可是到第四年就懶得續保，一旦發生問題就會很麻煩。

　　其實現在這種低保費高保障的癌症險並非都有保證續保，壽險公司才有，產險公司都沒有保證續保。不是產險公司不願意做，是政府的保險局還沒有答應產險公司可以承做這種有關於癌症險及醫療險「保證續保」的條款。

　　在購買癌症險時需注意，產險公司大部分是一次給付理賠金，可是不保證續保。退而求其次，我們可以買壽險公司的癌症險，你買的單位數高一點，它的初次罹患癌症也有點像是一次給付的意義。發生時一次給你二十萬、三十萬、四十萬，其實就差不多等於產險公司一次給付型的內容。

　　更何況壽險公司賣的還有其他分項給付，住院可以理賠、手術也還有理賠、出院在家療養也可以有理賠，還有以後的化療、放射線治療等等項目的理賠金。

　　剛剛講的是有關死亡的給付，意外險的殘廢給付是按照殘廢程度、比例來給付。家裡的主要經濟來源，他可能三十歲出頭還年輕，發生自然死亡的機率也不是很高，此時意外險就相對重要了。如果他平常都是以騎摩托車代步，意外險買足一千萬元是最基本的，大概一年只要六、七千元的保費，就可以買到一千萬的保障。

別忘了壽險也有殘廢給付↘

至於壽險該不該買？要買多少？我認為，若是三十歲時，壽險可以買個意思一下，等到過了四十歲之後再增加也沒關係。

為什麼要用殘廢的角度來分析呢？因為死亡是很可憐，殘廢卻是很可怕，說的現實一點，殘廢是終身都需要別人的協助，正常工作也會受到影響。十幾年二十年的生活費用，不要說一千萬元，可能兩千萬元都不太夠。

而意外險它不分年紀，只按照工作的危險程度來區分保費，所以說誰最需要買保險？

意外險是最便宜的，如果本身騎摩托車或經常被載那是最危險的，應該要買高一點，而且是愈高愈好！我在年輕時就買了三千萬的意外險。

壽險本身也有殘廢的給付，它是一級殘廢才可以理賠。我一再強調，不要以為壽險只有死亡才理賠，一般殘障其實也是有理賠的，萬一被保險人變成植物人、或者萬一他雙目失明，或其他重殘狀況，壽險的好處是，你是買一百萬元的保障，它就一次賠一百萬元，買五百萬就一次賠五百萬元。

我覺得壽險裡面的殘廢功能應該要跟大家說得更清楚，其實這是一個滿好的保險商品，可是大家都把焦點放在死亡時能領多少錢，忘記它一級殘廢時也能領。而且它的好處是，不管任何狀況、發生的原因是疾病、意外，通通不管，只看結果。

我最近有個粉絲說她得了一種怪病，在醫院住了100多天，做了不計其數的檢查，醫生都束手無策，不知道怎麼在病

歷上寫下疾病的名稱，翻開醫學的文獻也沒有這個疾病，怎麼辦？此時，若她買的是重大疾病險、特定傷病險可能都沒有用，可是投保人明明是生了重病，卻得不到任何的理賠。

但如果她買的是壽險，除了一級殘廢有賠償之外，身故也有賠償。我這個粉絲的怪病導致她一條腿已經被截肢，而另一條腿也可能不保，處境非常可憐，因為是怪病所以健保也不知怎麼賠！

最近教學級的醫院願意把她納入醫學體系的實驗對象，她把身體捐給了醫院，讓醫院做研究，但在醫療部分沒有自主權，全部交給醫院處理，如果簽了同意書的話，龐大的醫療費都可以省下來。如果不簽同意書，按照健保體系，寫不出病名的話，健保很多藥也不知道怎麼給付，在治療過程會滿麻煩的。

可是像這種情形，壽險就可以理賠。因為可能瀕臨到快要死亡邊緣，未來可能兩隻腳要截肢，就符合一級殘廢的定義了。如果身故的話，當然壽險就可以理賠。所以壽險裡面的殘廢給付，是非常非常好的標的，大家不要忘記。

萬一你買了重大疾病險，可是得的不是重大疾病險中所規定的七項給付標準，那要怎麼辦？就算你又附加買了一些特定疾病，萬一又不是那些特定疾病怎麼辦？而且有些是送到醫院時來不及做一些檢測就往生了，重大疾病沒有理賠，可是壽險都可理賠。

我會建議一家之主、年過三十歲的人先買足意外險一千

萬，年過四十之後再買足五百萬元以上的壽險，男生女生都一樣，這樣的投保才有意義。

癌症險就更不用說了，囚為癌症險保費也不算貴，男生女生應該都很需要！

傳統重大疾病理賠項目

1. 心肌梗塞
2. 冠狀動脈繞道手術
3. 腦中風
4. 尿毒症
5. 癌症
6. 癱瘓
7. 重大器官移植手術

6 愛她就該幫她買很多保險？

先生沒有買保險, 而幫太太和小孩買了一堆保險, 其實是本末倒置的作法

愛她, 就先把自己的保險買夠再說↘

很多人買保險會有個迷思, 因為我愛小孩, 所以幫小孩買了很多保險, 大人反而沒有買。先生愛太太, 幫太太買了很多保險。我很多讀者朋友來這裡跟我說, 先生幫兒子買很多幫太太也買很多, 可是自己卻沒有買, 覺得好像哪裡怪怪的。

當然怪怪的, 這怎麼不怪？而是非常奇怪！

你先生很愛你, 很愛小孩, 你先生可以幫你買很多名牌包, 甚至於買房子用你的名字, 或是一起出國玩都沒有問題, 但是先生千萬不要幫你買很多保險, 而是應該幫自己買很多保險, 受益人寫太太的名字。如果來找我的是太太的話, 我會這樣跟她講, 這是很重要的一點。而不是愛太太, 幫太太買了很多保險, 或是愛小孩, 幫小孩買了很多保險, 反而自己沒有買, 萬一有一天老公先走了, 老婆小孩不僅失去摯愛, 也失去生活的依靠, 情何以堪？我看了太多這樣的例子了（以上例子是先生皆是家中主要經濟來源）。

　　也有很多人也找我幫他五、六十歲的爸媽買保險，他們大概都二、三十歲，都跟我說他自己不用買保險，但擔心爸媽年紀大了可能會有病痛，所以要幫爸爸媽媽買很多保險。這個問題也是滿麻煩的，當然你可以幫爸爸媽媽買保險，但是我都會詢問他們：「現在這個家裡誰是主要賺錢的人？」當然有些五、六十歲的爸爸媽媽也還在工作，不過是不是主要賺錢的人，這就有待商榷了。

　　二、三十歲的年輕人，自己沒買保險，他擔心爸爸媽媽老了以後會有一些問題。可是五、六十歲的爸爸媽媽不管是買定期險或終身險都很貴，不管是一年期的壽險或一年期的癌症險保費都不便宜啊。最便宜、而且跟年齡和性別沒有關係的就是意外險。如果爸爸媽媽還有工作的話，可以先從意外險著手，最起碼保費跟年輕人是一樣的。

五、六十歲才投保，不妨先買意外險↘

　　至於要不要幫爸媽買壽險和癌症險，當然每個人的考量就不一樣。可是我還是一樣那句話，因為你都已經二、三十歲長大成人了，如果你的經濟能力還不錯，就可以幫他們加減買一些，如果你的能力沒有辦法負擔的話，我都會勸年輕人自己要買足保險最重要，其次再去考量父母親的保險。

　　至於爸爸媽媽的養老問題，應該從他們年輕的時候就要開始存錢，做好投資理財的工作、買房子靠房子來養老。可是有些人已經五、六十歲了，來不及理財投資怎麼辦？我只能說，

五、六十歲才要投保，保費非常貴，只能自己斟酌處理。

也有五六十歲的粉絲問我：「如果收入不多，但想買保險，可是保費又很高，到底要怎麼辦？」這是很難解決的問題，我都會跟他說：「去玩吧！人生到了五、六十歲的時候，身體多少都有一點狀況，就算你想買保險，保險公司也不見得會賣。」

道理很簡單，現代人幾乎都會有膽固醇過高、三酸甘油脂、高血壓，還有脂肪肝等慢性疾病，一旦有這些徵兆，就不一定能經過保險公司的核可，如果你又不據實告知那就很麻煩。想買保險，保險公司不一定賣，怎麼辦？只有一句話，趕快去玩吧！

像我現在已經五十一、二歲了，身體還健健康康，我想至少維持到六十歲以前沒問題，可是六十歲以後就不一定了。所以五十幾歲到六十歲之間的人，要掌握人生最後的精華時間，能玩趕快去玩。

煩惱買保險, 不如盡情去玩↘

當然玩的方式有很多種，如果沒有錢的話，可能無法出國旅遊，出國雖也是一種玩法，其實我們在國內也有很多玩法，也有很多不用花錢的玩法。其實我在這邊也滿建議可以寫寫書的，當然不是每個人文筆都很好，但是用錄音的方式也不錯。像我現在這樣寫了幾本書留下一些紀念，這也是一種玩、一種成就感。不然國內的旅遊景點也可以好好去玩，騎單車、走走

步道……，做一些你想做的事情，也都是不錯的選擇呀！

有一位安寧病房的住院醫生，他去訪問了很多癌症末期的病患所得到的一些答案就是：「如果我還有幾年的時間，我還想去做這個、做那個……」，可是都來不及了，因為已經住進安寧病房了。

不妨當我們現在還在五、六十歲的時候，趁著身體還可以動的時候，多去做一些自己想做的事情，多去做一些對國家、對社會、對自己，或是對家庭有意義的事情。也許你做了之後會很開心、滿足，心情會很快樂，反而活得更久（很多醫生都這樣說）。

不要像癌症病房等待死亡的病患，感嘆自己如果還有幾年的時間還可以做什麼，那些都已經來不及了。五、六十歲壯年期的朋友趕快去做，你去做總比永遠在紙上談兵來得好。做得好或不好再說，只要是你覺得是對的事情，哪怕是做白工也沒關係，我相信在做的過程當中一定都會有很多體會，不老騎士就是一個很棒的例子！凡事去做，踏出那一步，應該都會很順利。讓你的心情愉快，可能比買保險還重要！

「Just do it！」與大家共勉！

7 不買「終身」險, 老年時
有病痛怎麼辦?

養老問題應該是趁年輕時就要有正確的理財方法, 光靠
保險反而更糟

保險不能解決老年所有醫療問題↘

幾乎每個來找我諮詢保險的人，都一定會問一個問題：
「劉先生你都叫我們不要買住院醫療險、不要買終身型的壽
險、不要買終身醫療保險、不要買投資型保單⋯⋯道理我也懂
了。可是我們老了以後，會常有病痛，又沒有保險怎麼辦？」

其實我在跟很多朋友討論保險時，我一開始就會強調——
保險公司賣的商品不是萬能的，它並不是什麼狀況都可以理賠
的。

讀者們都因為考量以後老年化的問題就買了這個險、買那
個險，但是很多人只買了它的「名稱」，但不曉得它的理賠內
容，是不是真的能保障你的老年化生活品質。

以醫療險來說，大家擔心老了以後難免會生病，會經常用
到醫療服務，就買了醫療保險。我之前也提過，你所期待的醫
療和保險公司賣的醫療險，其中有非常非常大的落差！

因為你很害怕將來得了重大疾病，會需要龐大的醫藥費，

你就買了很多重大疾病險。可是你所認為的重大疾病跟保險公司賣的重大疾病險又不太一樣。

保險公司的重大疾病險就是給付七項疾病（請參考51頁），而且除了以上七項之外，還需注意「重大」兩個字。舉個例子，心肌梗塞是要有心肌酶異常、心電圖異常，還有典型的胸部疼痛，同時具備有這三項的檢驗報告之後，才可以去申請重大疾病的理賠金。往往很多人送到醫院之後，可能吃個藥就好，或者不幸往生了，並沒有同時做這三項檢查，就不能獲得理賠。更何況重大疾病險理賠的項目只有那七項疾病，萬一不是那七項疾病當然不賠。

靠自己投資，房地產最安穩↘

「這個不賠、那個不賠，那我老了以後怎麼辦？」我的回答是：「怎麼辦？靠自己啊。不要忘記了，你自己也是一個很好的保險公司，只是你的保險公司和商業的保險公司不一樣。」有些事情你可以自己承擔，比方說金額較小的一些醫療、較小的金額損失，你可以自己承擔，自己做保險，但是老了以後怎麼辦？靠台灣的保險公司，基本上是沒辦法。可是老年化的問題，真的是非常非常嚴重。

根據最近的統計，台灣的失智人口大概已經突破了二十萬人。需要長期照顧的人口差不多也到五、六十萬人的門檻，越來越嚴重。在馬路上看到很多外籍朋友用輪椅推著阿公阿嬤去看病、各地方的火車站也有很多外籍勞工朋友，不用我講各位

也很清楚。這些外勞朋友除了一部分是到工廠工作，但有很大的比例是做家庭照護，或者在安養機構工作的。為什麼外勞人數這麼多？因為有市場需求嘛！

如果年輕時，你的理財觀念是正確的，用便宜的保費去買了一個高額的保險，經過二、三十年之後，也許都平安無事，是不是就可以有更多的預算去做其他投資？

如果你的保險預算原來一年是繳二十萬元，可是你現在買對了保險，一年只要繳兩萬元，不就多出十幾萬的額度可以做其他的投資。

在這麼多投資的商品裡，包括股票、基金、期貨、房地產、黃金、古董……等等，其實這些投資，對我個人來講，我都不太喜歡，但是不代表這些產品不好，是因為我不懂那些投資商品，我比較看得到的是──房地產。但我並不是要教導很多朋友要去用房地產炒樓，是因為我們繳了便宜的保險費之後，就有多餘的錢去做買房子頭期款的準備。

為什麼要分享買房子的心得呢？它跟買保險又有什麼關係？其實大有關係！早點買房和不買房的人，理財習慣和財富規劃都會有很大的不同。所以，我會在下個篇幅有詳細的分析心得──買房可以養老，也可以治病！它正好能夠彌補保險功能無法顧及之處。

案例3

財迷心竅的業務員，
誘騙洗腎保戶投保高額保險

　　我想起在好幾年前的一段故事，有一位張太太她家裡的保險都是向某個業務員投保，張太太的家境也不是很好，她後來往生了，當然保險公司理賠了一筆理賠金。

　　但是因為張太太和這位女保險業務員的感情太好了，所以她的存摺、印章、信用卡、證件……都放在保險業務員那裡，由保險業務員幫她代為保管。但是，張太太的女兒在媽媽往生的幾年後突然接到信用卡公司說媽媽的卡費還沒有繳。

　　他們就覺得很奇怪，張太太都已經往生幾年了，怎麼還會刷信用卡？後來追根究底去查，查到是保險業務員去刷她媽媽家中的卡，此業務員更把客戶信用卡的繳費地址更改為保險業務員的地址，而不是保戶的地址。後來是因為銀行一直催不到錢，所以改寄催繳通知書到戶籍地址，張太太的女兒才接到催繳的帳單。

　　這個業務員真的很笨，刷了人家的卡，也要記得繳錢就好了嘛（錯誤示範），不去繳款，一定會東窗事發，業務員去把欠款繳完就沒事，之後反而爆發更大條的事情。

張太太的女兒對這個業務員非常不滿意還有其他的原因，當時媽媽往生後，大概領了一百萬的理賠金。其實保戶也沒拿到什麼錢，為什麼？因為這一百萬的理賠金，經過業務員的慫恿，又幫她當時正在洗腎的爸爸去買了另外一個險種。

　　問題來了，洗腎的爸爸怎麼可以買保險？身體已經不好了，怎麼可以買保險？而且買的又是二十年期的保險。這二十年期的保費，一年好像要繳三十萬元的保費。

　　原本理賠金一百萬撥下來是歸保戶的，這個業務員看上這一百萬的理賠金，如果轉化成再買一個新的保險的話，讓保戶他們繳三十萬元保險金，就可以領到40%的佣金。三十萬乘以40%，還可以領到十二萬，所以這業務員就開始動腦筋了，慫恿張爸爸又去買了一個保險。為什麼叫爸爸買呢？因為幾個兒女都不太喜歡這個保險阿姨，都覺得她一直來推銷保險很煩。

　　張爸爸也不疑有他，反正也是認識很久的老朋友，應該不會騙人，就買了一個保費高達三、四十萬的二十年期長年期的保險，業務員可以賺40~50%的佣金，最起碼也可以賺個十二萬。

　　同樣的悲劇重演，第一年繳三十萬元，第二年繳三十萬元，第三年繳三十萬元之後，發現原來的理賠金一百萬沒了，當時媽媽的理賠金就這樣兩、三年就耗完了。後來他們才知道，爸爸竟沒有告知保險公司他長年洗腎……，再加上業務員盜刷信用卡的事件，是可忍孰不可忍，當然衍生保險糾紛，他

們也已報警處理。

可是，身為同業，我認為這個業務員的心態有非常大的問題。

張太太的家庭收入不是很好，好不容易有一筆一百多萬的保險金下來，照理來說，這一百多萬的理賠金要讓這洗腎的張爸爸再安穩過個幾年。可是不僅沒有過得安穩，又把他的一百多萬理賠金洗到另一個險種裡面去了，這真是財迷心竅啊！

我不相信業務員不了解他們家的家境，我去這個家裡時發現年輕一輩都是二十歲左右，都還在念書、打工，經濟狀況不是很穩定，張爸爸又長年在洗腎，正好很需要一筆錢。但保險阿姨又給他買了一個奇怪的保險。洗腎可以買保險，我也是第一次聽到。

我為什麼提到這些真實的故事呢？就是希望業務員用真心來關懷我們的保戶，不要昧著良心亂賣一些「垃圾保險」。我們賣「低保費、高保障」的保險雖然只有一點點的業績，賺到一點點小錢，但不會讓你良心不安。

而且，業務員絕對不能有所謂邪惡的念頭。因為業務員很容易動到保戶的錢，動到保戶的錢就會想一些有的沒的，業務員本身的道德最重要。可是哪一個業務員會說自己的道德最好或最不好呢？

這個故事就提供給我們的保戶朋友，當你要買高保費的保險時，要特別提高警覺。這些都是你辛辛苦苦賺來的錢，不要

隨隨便便就相信他人。也不要因為你是長輩，自認為我過的橋比你走的路還多，我吃的鹽比你吃的飯還多，就不跟小孩子溝通，這犯了一個很嚴重的毛病叫做自以為是，容易讓有心人有機可趁。

Part4

我的理財祕笈 ──────
買房可以養老、
也可以治病

不管從幾歲開始，都要努力存錢，為自己買個安定的小窩，房子可以養老治病，也會讓你的人生財富大大晉階。

Point 1 從年輕時就要開始努力存錢置產

三十幾歲前沒有存到錢沒有關係, 從現在開始及時覺悟,
趕快存錢買房

房子能治病?聽聽我的看法↘

很多三、四十歲來找我詢問保險的朋友,我有時會問他們:「你從學校畢業工作到現在應該也有七、八年,或者十幾年的時間。不論你是做什麼工作,都應該有一點存款了吧,至少也有一百萬跑不掉?」結果九成九的人都尷尬的苦笑說:「沒有哎。」我進一步追問:「為什麼沒有?」答案不外乎是「花掉了」、「投資賠掉了」。很可惜,十幾年的光陰就這樣白白的過去了,身上一毛錢都沒有,或者只有少許的存款而已。

沒關係!只要走對方向,三十幾歲前沒有存到錢沒有關係,從現在開始及時覺悟,你就可以存一筆錢。不管是存五十萬、一百萬、一百五十萬都不算少,我勸你可以開始為買房子而準備。

你可能會問:「現在台灣的房價這麼高,只有一百多萬怎麼會買得起?」

我們先不管房子要買在哪個地方。如果三十五歲再經過二十、三十年，那時六十幾歲，萬一罹患重病了怎麼辦？萬一我今天中風，六十幾歲中風，需要一段較長的復健期，能不能痊癒很難說，所以，身旁可能就需要有人照顧了。注意！如果有一天中風了，那你買的意外險賠不賠？不賠。壽險可能也不會理賠，因為沒有身故，很多中風也不符合一級殘廢的標準，所以壽險殘廢的部份也不賠。癌症險當然也沒有理賠。可能住院醫療會理賠，但是住個十天、二十天，一天理賠金一千塊，稍微多一點的話，就算住個五十天也只有理賠五萬塊，好像也沒有多大的幫助。

若買的是重大疾病險，中風不一定符合理賠要件，因為腦部中風幾乎要達到植物人的地步才可以理賠。這個不賠，那個不賠，可是一旦身體不行了，身旁一定會需要別人來照顧。生病出院後的開銷才可怕。如果是請外勞來照護，外勞每個月的花費至少就兩萬五到三萬元，甚至還有其他的開銷，絕對是一筆龐大的開支。

如果我買了間房子，萬一有天罹患重病，可以把房子拿去銀行貸款，去借個一百萬出來。有了這一百萬元之後，是不是我要吃什麼樣的藥，要用什麼樣的補品都可以。要吃靈芝、牛樟芝，喝芭樂汁、甘蔗汁，隨便你。自己理賠給自己，又快又不會有爭議。

算一算！用房子貸款方便又快↘

　　但是，跟銀行借了一百萬，每個月要還錢，可是沒錢還怎麼辦？沒關係，現在所有銀行幾乎都有前三年只還利息不用還本金的方案。

　　大概向銀行貸一百萬，每個月還的利息約兩千元。我們就算兩千元的話，一年十二個月，三年大概七萬二千元的利息。可是這時候我貸了一百萬元在身邊，只需還七萬二，最起碼有了這一百萬就安心多了。你看哪個保險賠一百萬賠很快的？

　　我們不要講別的，住院醫療一天賠一千元，賠到一百萬幾乎很困難。第二，重大疾病一定要很嚴重了才會理賠一百萬。不管是重大疾病或住院醫療，要買到一百萬元額度你看要繳多少保費？怎麼算都是用自己的房子貸款划算！

　　不過，過了第三年，我要開始還本金和利息給銀行了，我還是沒錢怎麼辦？

　　假設你是向A銀行借貸的，三年到期要本利一起還，那我就換家銀行再轉貸，轉到B銀行，我從頭開始再一個三年，還是只還利息。兩千元乘以十二，再乘以三年，還是七萬二。

　　第一次貸的利息七萬二加第二個七萬二，加在一起才十四萬元左右，六年過去了，這個房子可不可能悄悄的漲了一百萬？是不是等於間接幫你還了向銀行貸一百萬治病的錢。如果六年你說不可能漲一百萬，再一個三年嘛。從A銀行換B銀行，再從B銀行換到C銀行，再一個三年，九年該漲一百萬了吧。七萬二加七萬二再加七萬二就變成二十一萬，你只還了二十一萬元，可是有一百萬元，這一百萬真的很好用。這就是

要大家年輕的時候，多存一點錢，存一點房子頭期款，讓你努力去買一間房子。

這是一個簡單的購屋可以治病的概念，而且買房子還可以養老。如果錢還不夠用，可能一百萬再借一百萬，一百萬再借一百萬。當然房子總價可能不只表面上的一百萬而已，它可能值到八、九百萬，甚至千萬以上，甚至於好一點的地段兩、三千萬都有可能，經過二三十年增值，所以你可以一百萬一百萬的借。

真的有一天，我不幸身故或是身體有狀況，就算向銀行借了一、兩百萬治病，但之前我買了一個五百萬的定期壽險，如果往生的話，五百萬其中的兩百萬可以先幫我還給銀行，剩下三百萬可以給家人用。還有房子經過六年或九年，可能也悄悄的漲了一兩百萬，所以再怎麼算，房子可以治病，房子可以養老是一個很重要的保險觀念。

先求有一間房子, 能安身心!↘

很多人都說購屋的門檻很高，接下來我再跟讀者分享如何購屋，當然我講的不一定都正確，但可供你參考看看。

我要強調的是保險不是萬能的。當我們有一天老了以後，如果買錯很多保險，不但沒辦法幫助自己，反而會侵蝕掉養老的金錢來源。

有的人很有理財頭腦，可以駕馭股票、基金，黃金，可以做期貨，通通都行。我只是舉出其中一個方法，因為我覺得房

地產投資的做法雖然比較保守，但很適合我。而且，如果到了六、七十歲，開始面臨健康的威脅，它可以治病也可以養老。加上它讓我有個安定身心的窩，是不是進可攻，退可守的一項理財工具？

古人說：「定，靜，安，慮，得」。年輕人一定要有一個安定的心，以後他如果結婚生小孩之後，他的心才能夠平靜下來。平靜下來以後，他上班心情自然而然就會比較好。因為心情好，工作效率高，就比較容易得到上司的關照，也比較容易升遷。這樣既有一個安定的窩，工作上又很順利，家庭又很和樂，不是滿OK的嗎？當然有些人會想未來少子化，買不如租，可能未來以後……房價會崩盤，先都不要管，我們先只求有第一間房子，先求能安心。如果到老有什麼狀況的話，要請外勞也夠用，你光靠保險的理賠金要來請外勞，真的很困難。這就是我說的「買房子也是一種保險」。

Point 2 買房決定你一生的財富

四十年來，我在永和的房子大概漲了二十倍！重要的是，它不僅幫我們遮風避雨，也安頓一家七口的身心。

大台北地區房價增值倍數成長↘

我不是刻意叫讀者們去炒房，只是以我多年的理財經驗，房子是還不錯的投資、保值的商品。因為年輕時候買屋，會有一個安定的心，有安定的心工作就會穩定，穩定之後薪水就會增加，小孩也會在一個安樂的環境裡成長，好處很多。十五年二十年又把貸款還完了，剛好又到五、六十歲，那時身體逐漸老化，房子可能也增值好幾倍了，如果有狀況的話，房子也可以借錢出來治病，因為有些疾病保險公司不一定會理賠，而房子又可以養老，一舉數得。

但如果你不懂得投資理財，人生可能就會很悲慘。

我在十三歲的時候，我們家在永和買了第一棟房子，那時應該是民國六十四年，五層樓的公寓權狀二十八坪，房子總價五十萬元。民國六十四年到現在差不多經過四十年，這房子從原來的五十萬到增值到一千萬，可能大家還搶著要。這四十年大概漲了二十倍，實在驚人。

從五十萬變到一千萬，這只是帳面上的數字，重點還有這

四十年當中，它讓我們一個家庭平平穩穩過了四十年，養活了一家七口，並且有一個遮風避雨的地方。

預算不多, 先從邊陲地帶的公寓開始買↘

買房子沒有那麼複雜，但是買哪裡呢？人家都會跟我說：「劉大哥我知道要買房子，但是因為門檻太高了，我沒有錢啊。」我就換個話題來講，我說我們買房子跟保險一樣，要先求有再求好。什麼叫有？我也很想住帝寶，可是我何德何能，哪有這個能力住帝寶，可是我可以住偏遠一點的地方呀！

以大台北地區來說的話，有離捷運站一分鐘的，有離捷運站五分鐘、十五分鐘、三十分鐘的房子通通都有，價格上當然就差很多。房子還有分有電梯的華廈，跟沒有電梯的公寓，看你要買哪一種。

如果大家都是正在創業的年輕人，薪水大約是22K、32K或42K的朋友想買房子，你可以買離捷運站有一點點距離的地帶。以大台北地區而言，土城、三峽、新莊、三重，甚至以後還會有新開的一些路線，稍微偏遠一點，離捷運站十五分鐘、二十分鐘以也可以啊。據我所知，三重、板橋、土城、丹鳳、新莊、樹林這些地區離捷運站十五分鐘、二十分鐘的路程，大概還有二十萬元的價格可以買到，甚至於更低。

我們買舊的公寓，先買個三十坪，小家庭夠用了，一坪以二十萬來算，二十萬乘以三十坪，大概六百萬元。雖然離捷運站稍微遠一點，但是最起碼我們也是有間房子。

你可以把它想像成「運動型豪宅」。買二樓以上，每天練習爬樓梯；買離捷運站遠的，每天練習走路。如果各位有騎摩托車或腳踏車的人，雙北市未來都會設有ubike腳踏車設施，其實騎腳踏車到捷運站，放好還給政府，再坐捷運去上班，多方便啊。

若房價六百萬元，頭期款大概只要一百五十萬到兩百萬，你就可以擁有一間房子。假設你在三十五歲結婚，買了一間房子六、七百萬，到了五十五歲左右應該都還完了吧。預算多一點的，可以買捷運站近一點的房子，甚至可以買台北信義區的房子。

但是有太多朋友是一般的薪水階級，所以可以買稍微遠一點的地方，因為買屋之後，至少你把錢存起來了，也不用再被房東趕來趕去。當然有些人希望住有電梯的大樓比較安全、公寓比較不安全，這就見仁見智。我買這種傳統的公寓房子沒有電梯，每天要爬樓梯，反而對身體有好處。再加上如果你還是擔心安全性的問題，就再多挪一點點預算來裝保全設備。為什麼我會強調要買這樣子的房子，因為門檻較低，三十年以後搞不好它的價值會大大的提高！

大廈的虛坪多，管理費高↘

我認為買華廈、買電梯的房子，大概全大台北地區便宜一點的地方至少也要四十萬，貴一點當然就是天價了。一坪四十萬，最起碼也要買四十坪。四十坪乘以四十萬就一千六百萬，

可是實際上室內的面積又不是四十坪，扣掉30%的公設，實際上只有二十八坪。你花一千六百萬買到二十八坪，跟你花八百萬買到公寓三十坪，差別就出來了。而且買華廈，每個月還要付管理費，管理費其實也是一筆不小的開銷。戶數越多，分攤的比較少一點；戶數越少，相對分攤的就比較多一點。

像我母親現在住在一個只有三十幾戶的華廈，一個月的管理費大概要三千多元。大家不要小看三千多元，長年累積下來也是一個滿大的數目。最重要的一點是現在你買華廈，可能再經過五十年，也不太可能會改建，也就是說一輩子你可能就被這一千六百萬綁個死死的。

如果我們是買一個三、四十年的舊公寓，它有可能再經過二十年左右會改建。現在你擁有一個三十坪的五層樓舊公寓，再經過二、三十年之後，以後可能會蓋成二十層的大樓，那時你的持分率很高，現在三十坪搞不好就會變成兩倍六十坪。如果六十坪還是按照現在華廈一坪四十萬的話，就是兩千四百萬。你現在花六七百萬的價格，再經過二、三十年可以變成兩千多萬，還幫你變成電梯華廈。

這樣是不是可以用比較少的資金，在二、三十年之後變成一間兩三千萬價值的房子。那時候有兩千多萬，萬一身體又有什麼狀況的時候，你可以貸個二、三百萬出來治病。這是不是自己當保險公司，自己幫助自己的一個好方法呢？房子也可以治病也可以養老，也可以救命，不一定要靠保險公司，因為錢是要靈活運用的。包括你的存款、定存、股票、基金、都是可

以靈活運用的，不一定非要靠「保險」。

　　有一個讀者朋友帶著他的兒子來找我諮詢保險，我把平民保險理論都講完之後，最後也跟他分享買房子可以養老治病的觀念。我就把剛剛講的這些理論講給爸爸聽，爸爸就非常的認同。因為他說他兒子想要結婚，但是女朋友一直想要住電梯大廈，有了房子之後再結婚。可是目前的永和地區，新建的華廈大概一坪都要六十五萬元起跳，如果買四十坪的話，六十五萬乘以四十，房價需要兩千六百萬元，扣除公共設施，室內實際也只有二十幾坪。來找我諮詢的這個爸爸怎麼負擔得起？父親負擔不起，兒子也是很無奈。一結婚就開始負債的人生是很痛苦的事情。

　　我就勸他：退而求其次，買一個在大台北邊陲地帶的房子也是可以。一個是好幾千萬，一個是只有幾百萬，這中間的差價，你把舊公寓裡面的水電管線重新牽線，再粉刷一下，花不了多少錢。如果再有多一點預算的話，你喜歡鄉村風或北歐風、日式禪風甚至是時尚風，都可以用裝潢來改造一下，而且你只要買三十坪的空間，就相當於大樓四十坪的空間。大一點還可以多給女生一個更衣室。現代人也很愛買鞋，還可以做一個大鞋櫃，這些都是可以做得到的。

Point 3 租不如買！
租房難累積財富

很多人一直在等房價下跌, 等了幾年沒等到, 但收入與房價的差距卻愈來愈大

寧可買中古公寓, 也不要租房子↘

我現在也有在看永和地區舊一點的房子，其實舊一點房子一坪大概三十五萬左右，還是可以買得到。你說丹鳳、新莊、三重、汐止、土城，這些台北的邊陲地帶，舊公寓每坪二十萬元還是有機會。帝寶一坪多少錢？我不曉得，聽說是好幾百萬。但是我們退而求其次，最起碼我們住進這房子以後，不會再被房東趕來趕去。

因為我有很多認識的朋友就是租房子，他們認為以後房價會崩盤，一直等等等，等了好幾年房價也沒有崩盤，就算有下降也不過下降百分之十左右而已。可是我去他們家看過，家裡總有不安定的感覺，家具都是破破舊舊的，冷氣也不敢換新的，就是家不像家。一個不安定的心，這對人性來說是非常不好的。

我最近有個軍公教退休的朋友A君，他住在板橋。他的家鄉在台南，因為在台北結婚生了三個小孩，A君一直以為他會

回到台南老家過日子，我跟他講不可能，因為三個小孩都在台北念書，念了小學國中高中，你就很難再離開台北了。

他目前是在板橋地區租房子，之前因為房東對他不錯，讓他住了十幾年都沒問題，但是最近房東的兒子從美國回來了，他要把房子讓出來給房東的兒子住了，怎麼辦？現在房價那麼高，他又生了三個小孩，又住在板橋最精華的地方，當地一坪舊的華廈也要五、六十萬元。現在要買到室內三十五坪的空間，權狀大概要五十坪，一坪六十幾萬，中古屋也快要三千多萬元，他怎麼負擔得起？就算他有軍公教有退休俸也負擔不起。

問題來了，其實他是有能力在很早以前就買房子，但是一直認為租的比買的好，所以造成現在的結果。

我曾跟他說，現在還不是你最困難的時候，萬一未來三個小孩都就讀私立大學，算一算一個月的負擔是多少？因為我兩個小孩現在都在念大學，所以我有大概算一下。念私立的學費一學期大概五萬多，生活費一個月一萬，五個月大概也五萬，所以一個小朋友一個月至少要耗掉兩萬塊。三個小朋友，一個月要耗掉六萬塊，這還不含其他生活開支，你還要再買房子，這是很可怕的一件事情。我勸他只能退而求其次，在大台北的邊陲地帶趕快買一間公寓式的房子。

不曉得他聽不聽得進去，當初他絕對有能力買房，可是拖了十年二十年之後，現在的情形就很困難，只能退而求其次買大台北的邊陲地帶，不代表不好，尤其是買中古屋最好。

聽很多從國外回來的朋友說，國外的建築都很漂亮，可是一回到台灣之後，怎麼覺得台北市的建築都是破破舊舊的。我相信任何政黨或政府在未來一定會讓這些房子的景觀大步向前行。所以二十年以上的中古屋，改建的機率非常大。舊公寓的持分高，一坪變兩坪，兩坪變四坪，三十坪變六十坪，人生的財富與保障也就跟著加倍成長。

一步一腳印！買房愈早愈好！↘

從無到有的過程可能會辛苦一點，這就是先苦後甘的過程。可能有些人會覺得要先甘後苦，每個人想法不一樣。年輕時有了保障，順利的成家立業，不要亂花錢，老了以後房子又增值又可以養老，這真的非常好。當然這是大台北地區買房子的狀況，又些人說中南部房子漲的幅度不高，沒漲價也沒關係，最起碼不太會縮水！大家一定要有一個自己的房子，讓身心能夠安定下來。

我上個月去台中探訪一個同學，他最近因為投資做生意失敗了，所以把房子賣掉了。他的房子是在台中市舊火車站附近，一坪賣九萬塊。大家說台中市是一個很適合居住的地方，怎麼會這麼便宜？確實就是這麼便宜。先求有再求好，還是這一句話。有便宜的，台中火車站附近雖然沒有像七期那些新豪宅、大廈那麼漂亮，一坪只要九萬元，多一點可能十萬，也不貴啊。

老了以後怎麼辦？我提供一下我的個人理財方法，當然，

我的保險也買得足夠。趁年輕的時候買房子也是一種保障，未來萬一老年化之後，這也不理賠那也不理賠，但房子可以幫助你度過難關。最起碼它不像股票、基金、期貨一張紙瞬間就化為烏有，一下子股價暴跌，或是內線交易。有辦法的人可以去投資，可是我們一般平民老百姓是沒有這樣子的能耐，只有慢慢來，一步一腳印，房子有了、保險也買對了，人生就踏實了。

案例4

年繳80萬保費的補習班老師

之前有一位補習班老師陳小姐打電話給我,她一年繳八十多萬元的保費,打電話來問我是不是有買錯保險?

你沒看錯,是一年繳八十多萬保費沒錯!

三十多歲的陳小姐是位不婚主義者,所以對未來老年化的問題就考量很多。她就想到買保險,她認為保險可以養老,因為很多保險的名稱上就有「養老」的字眼,有「長期照護」的字眼,陸陸續續就買了很多保險,加起來年繳八十多萬元。

她為何買到八十多萬元的保險,是因為她當初的收入還不錯,碰到了一位A保險公司的業務員,業務員就跟她說:「你既然是不婚主義,未來就得靠自己,就該好好規畫之後的生活,養個『保險兒子』來孝順你。」她覺得有道理,年繳保費七、八萬元,對她不是什麼問題。

又有一天碰到B公司的業務員,由於是學生的家長,陳小姐也不好意思拒絕,她就想聽聽B的意見,她把在A公司投保的保單給B看,結果B就說:「你的保險嚴重不足,還缺很多,我幫你再規劃一些保險可以補A公司的不足。」所以她又向B公司買了年繳七、八萬元的保單,然後再遇到C公司、D公

司⋯⋯，這樣保費一直往上加，最後年繳到八十多萬元。

　　我了解她的狀況之後，跟她舉了一個簡單的例子。我問她：「妳一年繳八十萬元，繳了二十年，等於一共繳了一千六百萬元給保險公司，這一千六百萬元你放在自己身上，用來養老看病，難道會不夠用嗎？」她想了想說：「應該夠用！」我反問她：「那你為何不把錢存在銀行，自己當保險公司呢？」

　　我說：「你買這麼多保險，難道你會今天發生意外，明天得了重大疾病，後天又得癌症嗎？如果真的有可能，那也太衰了，你自己有一千六百萬元，想怎麼治病都行，而且還有餘款可以請外勞，非常夠用。」

　　因為害怕未來老年化的問題，就要繳了一千六百萬的保費，我不能說她買的保險都沒用，但要仔細評估看看，這樣真的划得來嗎？萬一保險公司沒有全部理賠怎麼辦？一千六百萬的保費真的很可怕！

案例5

買了保險,反而變成一場噩夢!?

　　前一陣子有一個女讀者吳小姐找我,年紀大概四十二歲,她說:「劉大哥,我過得很辛苦,從高中的時候就開始打工賺錢,當時為了要分擔家針,也沒有存到什麼錢,等家中狀況好一點了,就把錢存進保險公司去買投資型保單、買基金、買儲蓄型保險,去買一大堆有的沒的,最高的紀錄一年要繳三十幾萬的保險費。」

　　我問她做什麼工作的,吳小姐說她是一家小公司的會計。現在已經四十二歲,她發覺不對勁,為什麼?因為她連一棟房子都沒有。沒有房子也就算了,超過四十歲後,身體各方面的狀況已經大不如前,她開始思考人生接下來的十年、二十年要往哪個方向走。她一無所有,除了手上一些沒什麼用的保單之外。

　　她現在的情況很像去美容院頭洗了一半,洗髮精淋上來了,但是美容院的人跟她說不好意思,現在停水,頭洗一半,不知道該怎麼辦。可是看看周圍一些稍微會理財的人,都至少有一棟小套房,甚至沒買保險的人、沒有繳那麼多保費的人活得反而比她好。

吳小姐年輕時候因為家境不好，就開始半工半讀、撫養爸媽，自然會有很多危機意識，所以她就買了很多保險。我常說：「有時候沒有買，比買錯還要好」道理就在這裡。

　　她問我該怎麼辦？其實這問題是最苦惱的，我只能算給她聽，至於該怎麼辦，我也沒有給一個明確的答案，因為有時候講這也不是，講那也不對，怎麼講都不是。怕她回去以後會很傷心很難過，我只有跟她說：「你現在要重新思考未來，四十二歲還來得及，但是不要再買錯。」

　　她回答我一句話，她說她也想解約也想展期，但是保險業務員是他們家非常好的朋友，逢年過節都會來送禮，還常跟她的家人一起吃飯，大家的交情很好。她又撤不下人情這道關卡，因為去解約之後，這個業務員一定會知道，她怕不好意思，所以帶著滿臉困惑來問我。經過我的解說之後，心情好了很多。可是接下來談到要將她的保單做另外一個處理的時候，她又陷入到另外一個困境。

　　人生真是苦啊，買也不是，不買也不是；買了要解約不行，不解約也不行，我實在是沒有辦法幫她。

　　但是我有跟她強調：「錢是你自己辛苦賺的，到你年老的時候，沒有人可以幫助你，只有你自己可以幫助自己！」她好像似懂非懂，帶著失望的表情跟我道謝離開了，希望她能自己頓悟出一些道理！

【結語】
保險可以自助, 也可以助人

買錯保險, 苦了自己

保險真的是一個很好的商品，也是人人需要的商品，但是要聰明去買對。

掐指一算，我當保險業務員快二十年了，只有剛開始因為公司一直要求我們賣「高保費、低保障」，讓我對這一行感到迷惘之外，經過了頭兩年的歷練至今，我仍以身為一位保險從業人員為榮，因為好的保險是能真正幫助到別人又能幫助自己的商品。

其實保險這個商品原本的精神，我們去問一百個人、一千個人，大家的答案應該都是一致的，應該都是萬一我遇到人生中措手不及的突發狀況時，希望可以靠保險得到幫助。我想大家買保險的理由或認知應該都是一樣的。

可是就因為牽扯到錢，牽扯到要繳的保費，所以衍生很多變化，各種五花八門的商品、吸引人心的行銷話術就出來了。再加上一些財團的強勢行銷，一些黑心的、爛的保險商品就在市面上趴趴走。

我一直認為買對保險，如果有意外事故發生的時候，可以

幫助自己、幫助我們的家人。如果沒有發生事情的話，所繳的保險費又可以透過互助合作的保險機制，去幫助發生意外、發生特殊狀況的人。這不是一個可以自助，又可以助人的好商品、好行業嗎？

如果我們一年繳的保費是幾千元，多一點的話可能就一萬多元，幫助自己又幫助他人，其實也是做功德，也是一種做善事。可是如果我們今天買錯了，一年叫你繳個二、三十萬元，這麼龐大的保費負擔，不僅無法幫助我自己，反而把所繳出去的錢都去幫助財團、一些特定的利益團體，給他們買地皮、炒房產的資本，把房價炒得那麼高，一般的薪水階級都買不起房子，苦哈哈的還是自己。

一個很簡單的保險商品，只要買對就是做善事，幫助自己；買錯，沒幫到自己，又去幫助財團炒樓。所以大家要很清楚的認知保險真正的涵義，其實買保險比買其他商品都簡單，就是秉持著「低保費、高保障」的原則，買下去就對了。

做保險做了這麼多年，處理不少保險的理賠事件，我深刻的體認到，其中買錯保險的人大概占九成，甚至高達九成五以上，買對保險的人卻連一成都不到，一旦出事的話，後悔莫及不說，龐大的生活壓力更會讓人喘不過氣來。

靠人不如靠己，希望大家能夠眼睛睜亮一點，了解保險這樣商品的特性，不要整天去罵保險，罵沒有用，誰叫你自己買錯了。

保險也是做功德

我有兩個孩子,現在都二十幾歲正在念大學。我有幫他們每人都買了一千萬的一年期壽險,以及癌症險、意外險。有些朋友問我:「你不是說不贊成幫小孩買高額保險嗎?你為什麼幫你的小孩買這麼高的保險?」

我在前面的篇幅中一再強調家中經濟來源保險要買多一點,但是我的小孩又不是主要經濟來源,他才二十幾歲,離自然身故或是疾病身故還滿遙遠的,為什麼我要替他買一千萬?其實我的想法很簡單,在這裡提出我的看法。

因為他們雖然還小,自然身故的機率不是那麼大,相對的壽險的保費,男生保一百萬元,一年的保費才一千元,我買一千萬元,才花一萬元。有好幾個理由,第一,不怕一萬只怕萬一。第二,我不是不擔心小朋友,而是我更怕萬一他得了一級殘廢,那我一年花個一萬元買個一千萬元的保障,我覺得這是符合保險精神。

現在我有一些餘力,我想要做善事,做善事的方式有很多種。有的人捐錢去廟裡奉獻、造橋鋪路、做義工,我覺得另類做善事就是多買一些保險。大家會覺得你做保險的當然這樣講啊!可是我真的是這樣想,最好保險費都不要領回來,一年繳個一萬元有個保障,萬一有什麼事情的時候,可以幫助我跟家人。幸運一點都沒萬一的時候,一萬元就算是幫助其他的人。

因為我的收入還可以,放在身上難免亂花,不如幫全家人

現在的保險則是
　一群＂批著羊皮的狼＂
用合法的護身符，
　　進行詐騙的模式！

的保險買得高高的，其實還不錯，前提當然是我自己的一定要買夠（我自己買了一千萬壽險、三千萬的意外險，還有癌症險20個單位）。

不想讓保險公司賺很大，然後自己口袋空空，那就衡量自己的收入，好好規劃你的保險！

難以預料的不幸意外

最近一年，我生活週遭的親朋好友陸續發生一些不幸的事件。一個是我的同學，他與哥哥一起到台北探視媽媽，由哥哥負責開車，沒想到他坐在車上副駕駛座，突然心肌梗塞，五分鐘就沒了心跳。

另外，有一位女作家則發生車禍意外而身亡，她是我的好友——林亞若小姐，她一生非常精彩，做過護士，考上美國的RN（護理師執照），為了一圓環遊世界的夢想，後來考上空姐，旅遊過世界的五大洲，特別喜愛印度這個古老的國家，光去印度旅遊就超過二、三十次，出版過《亞若詩集》一書。我與她認識的機緣很特別，因為她非常認同我的平民保險的理念，介紹了很多空姐向我諮詢保險，在我出版《平民投資王》一書時，還義務幫我站台，擔任新書分享會的主持人，我一直非常感謝她。去年年底，在澳洲騎車的時候，不幸被一輛遊覽車衝撞，噩耗傳來時我很驚訝，才三十一歲如此年輕、美麗的生命就這樣突然消失了，令人不勝唏噓。

另外，我有兩位保戶也相繼發生意外，一位是七十多歲的老太太車禍往生，一位是外勞因為被機器切斷四個手指。

還有我的另一位同學，在今年二月於花蓮外海海釣，沒有穿救生衣，可能天氣不好風浪很大，掉入海中也不幸往生。說起我這位同學，他是我碰到意外事故最特別的一位，他在二十八歲跟我在同一單位服務時，發生第一次意外，在屏東鵝鑾鼻公路跟新加坡的星光部隊車輛發生車禍，造成一隻眼睛失明，不過幸好把命保住。之後我們換了不同的單位執勤，就很少聯絡了，沒想到今年二月得到他的消息，卻是第二次意外，也是他的死訊，令人感嘆不已。一個人在一生中發生兩次重大的意外事件，他還是我碰到唯一的一個。

只不過一年的時間，就發生在我生活週遭多起天人永隔的悲劇，所以心中的感觸特別多。

我不太喜歡講這些悲哀沉重的事情，希望有生之年，我要好好為自己活，就算有一天有突發事故發生時，讓所愛的家人也可以有穩定的生活。

不是要用這些不幸的事件來恐嚇讀者，有句話說：「明天跟死亡不知何者先到」，趁我們有點積蓄和能力時，記得為我們自己和家人買個安心吧。

最後，在此獻上深深的祝福，願這些身故的朋友們都已化身為天使，在天堂過得快樂，且無憂無慮。

國家圖書館出版品預行編目資料

小資保險王 / 劉鳳和著.
第一版. -- 臺北市：文經社, 民103.03
面；公分. -- (富翁系列；M016)

ISBN 978-957-663-715-5 (平裝)
1.保險

563.7   103002840

富翁系列 M016

小資保險王

文經社網址 http://www.cosmax.com.tw/
http://www.facebook.com/cosmax.co
或「博客來網路書店」查詢文經社。

作　　　者	劉鳳和
繪　　　圖	林欣潔
社　　　長	吳榮斌
主　　　編	林麗文
美術設計	朱海絹
出 版 者	文經出版社有限公司
登 記 證	新聞局局版台業字第 2424 號

地　　　址	241-58 新北市三重區光復路一段61巷27號11樓
電　　　話	(02)2278-3158・2278-3338
傳　　　真	(02)2278-3168
E－mail	cosmax27@ms76.hinet.net
法律顧問	鄭玉燦律師

定　　　價	新台幣 240 元
發 行 日	2014 年 4 月 第一版 第 1 刷
	2019 年11月　　　第 9 刷